Anna Maria Crimi | Monique Blondel | Domitille Hatuel

Vite! 2

Méthode de français

Pierre Bordas et Fils

ELi

Anna Maria Crimi, Monique Blondel, Domitille Hatuel
Vite !
Méthode de français - niveau 2

Adaptation version internationale : Domitille Hatuel
Coordination éditoriale : Silvana Brusati
Rédaction : Cristina Mancini
Pour la présente édition : Wendy Saccard
Révision linguistique : Wendy Saccard
Direction artistique : Marco Mercatali
Conception graphique : Sergio Elisei
Mise en page : Lucia Valentini
Iconographie : Giorgia D'Angelo
Responsable de production : Francesco Capitano
Conception graphique de la couverture : Paola Lorenzetti
Photo de la couverture : Gettyimages

© 2011 ELI S.r.l
B.P. 6
62019 Recanati
Italie
Tél. +39 071 750701
Fax +39 071 977851
info@elionline.com
www.elionline.com

Crédits
Illustrations : Laura Bresciani, Marcello Carriero, Pietro Dichiara, Susanna Spelta/Alessandra Ceriani, Luca Poli
Photographies, images, textes : © **Disney** (gracieuse concession) : p. 57 (haut, de gauche à droite, photo 3) ;
ELI Archives : p. 71 (moitié), 90 ; © **Entente des Syndicats** d'Initiative et Tourisme de la région Mullerthal - Petite Suisse Luxembourgeoise - Basse Sûre (gracieuse concession) : p. 45 (haut gauche) ; **Gettyimages** : p. 57 (moitié), 76, 91 (bas droit), 113 (D, E) ; **James McCormick © Parc national du Canada de Aulavik**, Agence Parcs Canada (gracieuse concession) : pp. 66 (moitié, de gauche à droit : photo 1, 3), p. 67 (moitié, de gauche à droit : photo 1) ; **Michel Blanc**, www.geneva-tourism.ch (gracieuse concession) : p. 45 (bas gauche) ; **Olycom** : p. 112 (C) ; **Shutterstock** : pp. 7, 9, 12, 17, 19, 21, 22, 23, 26, 27, 29, 32, 33, 36, 37, 38, 41, 42, 43, 44, 45 (haut droit, moitié), 46, 49, 50, 51, 52, 53, 55, 56, 57 (haut, de gauche à droite : photos 1, 2, 4), 59, 60, 63, 66 (haut, moitié, de gauche à droite : photo 2), 67 (haut, moitié, de gauche à droite : photo 2), 71 (haut), 72, 77, 78, 79, 81, 84, 90 (haut, bas, gauche), 92, 94, 97, 100, 101, 104, 105, 106, 110, 111, 112 (bas gauche).

Chansons : Mariangela Apicella

Les éditeurs sont à disposition des ayants droit qui n'ont pu être joints, malgré tous leurs efforts, pour les extraits d'œuvres littéraires, les citations, les documents graphiques, cartographiques et photographiques reproduits dans le présent ouvrage ainsi que pour d'éventuelles omissions involontaires et/ou erreurs d'attribution dans les références. Les éditeurs inséreront les corrections éventuelles dans les prochaines éditions du volume.

Tous droits réservés. Toute forme de reproduction, de représentation et de transformation partielle ou intégrale de cet ouvrage est interdite sans l'autorisation de l'éditeur.

Achevé d'imprimer en Italie par Tecnostampa 11.83.003.0

ISBN 978-88-536-0607-5

Avant-propos

Salut !

Bienvenue dans la deuxième année d'apprentissage de *Vite !*
Dans l'introduction du premier volume, il y avait une liste contenant de bonnes raisons pour apprendre une langue étrangère et en particulier le français. Vous vous en souvenez ?
Soulignez celle qui est la plus importante pour vous et ensuite faites un classement de 1 à 7 (de la plus importante à la moins importante).

À vos plumes..., prêts ? Partez !

A ☐ La connaissance d'au moins deux langues communautaires est un des objectifs prioritaires de l'Union Européenne.

B ☐ Connaître d'autres langues permet de comprendre des cultures différentes de la sienne.

C ☐ Dans le monde, il y a au moins 200 millions de personnes qui parlent français.

D ☐ Le français est la langue officielle de l'ONU, de l'UNESCO et du Comité Olympique.

E ☐ Paris est la capitale la plus visitée d'Europe.

F ☐ Un des derniers prix Nobel de la littérature est le Français Jean-Marie Gustave Le Clézio.

G ☐ Le français est une langue latine, très chantante.

Guide visuel

Voici quelques informations pour utiliser au mieux ton manuel.

Livre de l'élève

← Chaque unité commence par un dialogue. Écoute et lis, fais les activités de compréhension et enfin parle un peu de toi dans la rubrique *C'est ton tour !*

Lexique →

Dans cette section, tu trouveras les bases qui te permettront de communiquer : les mots !

Communication →

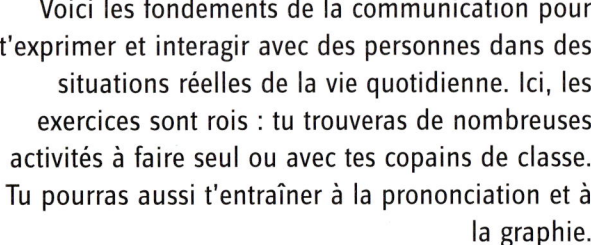

Voici les fondements de la communication pour t'exprimer et interagir avec des personnes dans des situations réelles de la vie quotidienne. Ici, les exercices sont rois : tu trouveras de nombreuses activités à faire seul ou avec tes copains de classe. Tu pourras aussi t'entraîner à la prononciation et à la graphie.

← **Grammaire**

C'est le moment de comprendre le fonctionnement d'une langue à travers des exemples, des réflexions et des activités. Pour fortifier tes bases lexicales et linguistiques, il faut un peu de grammaire. Et voilà. C'est facile !

Guide visuel

Compétences →

En avant toute ! Écoute, lis, parle et écris !
Tu te prépares aussi aux examens du **DELF**.
Conserve les épreuves écrites pour ton **Portfolio**.

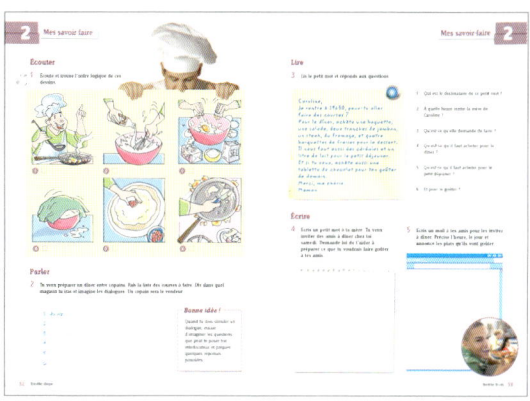

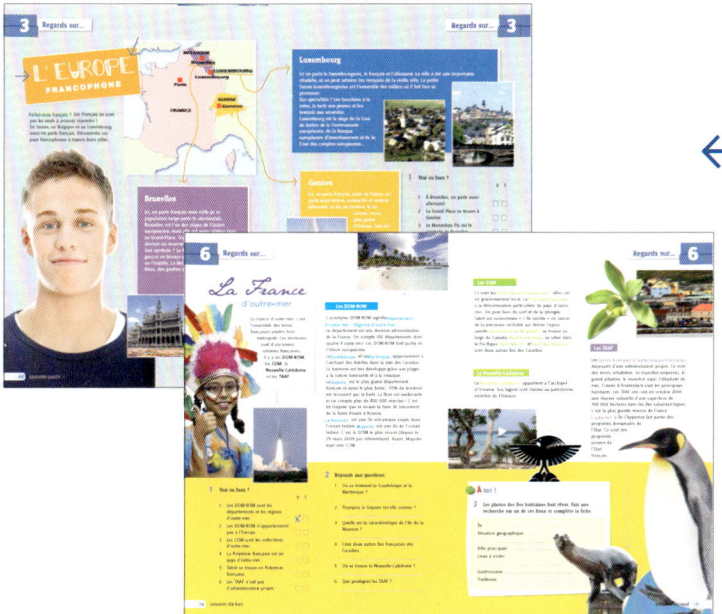

← Civilisation

Toutes les trois unités, pour les plus curieux, voici des reportages sur le monde francophone. De la géographie au folklore, tu découvriras des lieux intéressants, des habitudes et des coutumes.
La rubrique *À toi !* te permettra de travailler sur des projets interdisciplinaires.

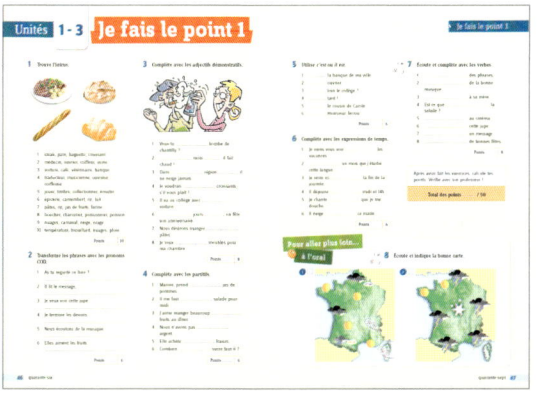

← Bilans

Toutes les trois unités, la section **Je fais le point** te permet d'évaluer si tu as atteint les objectifs définis. Bonne chance !

CD Audio pour la classe

1-1   Ce symbole indique les activités d'écoute que ton professeur peut te proposer en classe.
Le premier chiffre indique le CD et le second le numéro de la piste.

Tableau des contenus

Unité		Communication	Grammaire
0 C'est parti !	p. 10	• Décrire un personnage • Décrire des lieux • Demander quelque chose à quelqu'un • Raconter des faits	• Révision
1 Il veut être écrivain	p. 14	• Demander et dire la profession • Exprimer un désir ou une intention • Demander poliment quelque chose et répondre	• Les pronoms personnels COD • Les adjectifs démonstratifs • Le présentatif *c'est* ou *il est* • Les verbes *entendre, lire, traduire*
2 J'ai faim !	p. 24	• Acheter un produit • Demander et dire un prix • Exprimer des quantités	• L'article partitif • Le pronom *en* • Les adverbes de quantité • Les verbes en *-ayer, -oyer -uyer*
3 Il neige !	p. 34	• Dire des dates • Demander et dire le temps qu'il fait • Présenter ses vœux et répondre	• L'expression de temps • Les verbes impersonnels • Les verbes *écrire, souhaiter*
Je fais le point 1	p. 46		
4 Noël à la montagne	p. 48	• Parler de ses projets • Situer des événements dans le temps • Exprimer la durée	• Le pronom *où* • Le présent continu • Le passé récent • Le verbe *choisir*
5 Défense d'entrer !	p. 58	• Demander et donner un conseil • Formuler l'obligation, l'interdiction • Demander et donner des instructions	• L'impératif et les pronoms COD • La réponse affirmative avec *si* • L'infinitif • Le verbe impersonnel *falloir* • Les verbes *croire, éteindre, interdire*
6 On est allés au ciné	p. 68	• Raconter un événement passé (1) • Exprimer son intérêt • Exprimer sa déception	• Le participe passé • Le passé composé avec *avoir* et *être* • Les connecteurs temporels • Les pronoms personnels toniques
Je fais le point 2	p. 80		

Lexique	Sons et lettres	Savoir-faire	Civilisation
• Révision		• CO : comprendre des enregistrements • PO : interagir avec des personnes • CÉ : lire une carte postale • PÉ : écrire un message	• Révision
• Les professions • Le lieu de travail • Les loisirs	• Les sons [t] et [d]	• CO : comprendre des enregistrements • PO : se présenter, présenter sa famille • CÉ : lire un article • PÉ : écrire une annonce	
• Les aliments • Les quantités • Les commerces • Les commerçants	• Les sons [ɔ] et [o]	• CO : comprendre un texte enregistré • PO : dramatiser un dialogue • CÉ : lire un petit mot • PÉ : écrire un petit mot	
• La météo • Les fêtes • Les nombres au-delà de 100	• Les sons [k] et [g]	• CO : comprendre un bulletin • PO : dramatiser un dialogue • CÉ : associer une carte à un bulletin • PÉ : écrire une carte postale	• L'Europe francophone
• Les vacances et les lieux	• Les sons [b] et [v]	• CO : comprendre des dialogues • PO : dramatiser un dialogue • CÉ : lire un billet de train • PÉ : rédiger un mail	
• L'ordinateur et Internet • Les nombres ordinaux au-delà de *dixième*	• Les sons [ø] et [œ]	• CO : comprendre des enregistrements • PO : dramatiser un dialogue • CÉ : lire un règlement • PÉ : compléter une fiche	
• Le cinéma et les spectacles • La presse et la télé	• Les sons [e] et [ɛ]	• CO : comprendre des enregistrements • PO : faire une biographie • CÉ : lire un article • PÉ : écrire un mail	• La France d'outre-mer

Tableau des contenus

Unité		Communication	Grammaire
⑦ Au cours de gym	p. 82	• Décrire des personnes • Demander et dire comment on se sent • Demander et donner des conseils	• Les pronoms personnels COI • L'impératif et le passé composé avec les pronoms personnels • Les verbes *boire*, *rendre*, *suivre*, *sourire*
⑧ On fait les magasins	p. 92	• Acheter des vêtements • Demander et donner des informations • Demander et donner son avis	• Les adjectifs à double forme • Les pronoms relatifs *qui* et *que* • Les adverbes exclamatifs • Le passé composé à la forme négative
⑨ Vacances au vert	p. 102	• Raconter un événement passé (2) • Décrire un paysage • Raconter ses vacances	• *Voici* et *voilà* • Le pronom *y* • Les adverbes de lieu • Le superlatif absolu • Les verbes *s'amuser*, *recevoir*

Je fais le point 3	p. 114
Pages interactives	p. 116
Tous en scène	p. 118
Chansons	p. 121
Lexique	p. 122
La France physique	p. 126
La France administrative	p. 127
La francophonie	p. 128

Lexique	Sons et lettres	Savoir-faire	Civilisation
• Le corps humain • La santé et les maladies	• Le son [ʃ]	• CO : comprendre des enregistrements • PO : expliquer et donner des conseils • CÉ : associer la situation aux gestes • PÉ : écrire un petit mot	
• Les vêtements • Les accessoires	• Les son [j]	• CO : comprendre des dialogues • PO : interagir avec un copain • CÉ : associer des textes aux symboles • PÉ : rédiger une lettre	
• Les paysages et la nature • Quelques animaux	• Le son [ʒ]	• CO : comprendre un dialogue au téléphone • CÉ : répondre à des questions • PÉ : rédiger une lettre • PO : présenter une région	• Des Français célèbres

Unité 0 — C'est parti !

1 Remets les strophes de la chanson dans le bon ordre. Écoute et chante.

Vite !

C ☐ Vite, vite, vite, vite vitamines
Encore des vite, vite, vite, vite vitamines
Beaucoup de vite, vite, vite, vite vitamines
Venez vite prendre vos vitamines !

A ☐ Ce n'est pas un cachet magique
Ce n'est pas un sirop homéopathique
Et pourtant c'est un bon remède
Pour apprendre le français !

D ☐ Ce n'est pas un médicament
Ce n'est pas un fortifiant
Et pourtant c'est un bon remède
Pour apprendre le français !

B [1] Vite, vite vitamines
Vite, vite vitamines
Vite, vite vitamines
Venez vite prendre vos vitamines !

E ☐ Vite, vite, vite vitamines
Vite, vite, vite vitamines
Vite, vite, vite vitamines
Venez vite prendre vos vitamines !

2 Écoute, qui parle ? Mets le nom de chaque personnage sous le dessin.

1 _____

2 _____

3 _____

4 _____

3 Tu as vu ? Un nouveau personnage est arrivé.

1 Comment s'appelle-t-il ?
_____

2 De quel instrument joue-t-il ?
_____

10 dix

Unité 0

 4 Écoute et complète la fiche de ce nouveau personnage.

Prénom : _____

Âge : _____

Classe : _____

Description physique : _____

Caractéristiques : il est paresseux, _____

Il n'aime pas : _____

 5 Écoute, chante et complète.

- écrire   - commencer   - compter
- bouger   - chanter   - lire   - étudier
- réciter   - parler   - écouter

Tous en classe !
Tous en classe
S'il vous plaît !
La leçon va commencer.

En silence on va _____ .
Pendant toute la journée !

_____ , _____ et
puis _____ _____
mais sans _____ !

Au tableau, mais sans _____ !
_____ mais pas _____ !

C'est l'école d'autrefois...
Qui le dit c'est papa !

Autre chose qu'aujourd'hui !

6 Regarde les dessins. Qu'est-ce qu'ils disent ?

C'est quand ton anniversaire ?

_____

_____

_____

0 Unité

Les cartes postales !

7 Complète la carte postale.

- Espagne • bientôt • bonjour • Espagnols • bien
- parents • sympathiques • beau

Bonjour Caroline,

Je suis en _____ avec mes _____ .

Il fait _____ , je m'amuse et les _____ sont _____ .

On mange _____ et j'adore la paella.

À _____ !

Patricia

8 Écoute et associe à la bonne carte postale.

A ☐

B ☐

C ☐

9 Tu es encore en vacances et tu écris une carte postale à tes amis.

12 douze

Unité 0

10 Joue avec un copain. Lancez le dé pour commencer le jeu. Si vous répondez, vous avancez, si vous ne répondez pas, revenez à la case précédente. Le premier qui arrive à la case Arrivée a gagné !

Départ

0

1 Dis ton nom et le prénom du copain qui joue avec toi.

2 Demande l'âge à ton copain.

3 Décris ton professeur.

4 Conjugue le verbe **demander** au présent de l'indicatif.

5 Quelle langue parlent les habitants de la Guadeloupe.

6 Quels sont les jours de la semaine ?

7 Avance de 2 cases.

8 Dis à quelle heure tu te lèves le matin et à quelle heure tu te couches le soir.

9 Avec le rouge et le blanc quelle couleur peut-on former ?

10 Reviens à la case n. 9.

11 Compte de 50 à 69.

12 Traduis le mot bureau.

13 Lis cette comptine : *C'est quoi ? C'est un roi ! Ce n'est pas moi ! Ce n'est pas toi ! Cette fois, ce sera lui !*

14 Décris ta chambre.

15 Cite au moins un symbole de la France.

16 Dis ce que tu aimes faire pendant les vacances.

17 Dis les ordinaux de 1er à 10e.

18 Demande à ton copain son adresse.

19 Quelles sont les couleurs du drapeau français ?

20

Arrivée

treize 13

Unité 1 — Il veut être écrivain

1 Écoute et lis.

Nathalie Elle est géniale cette revue sur la danse.

Caroline Ouais, je l'achète tous les mois. Lis cet article, il est intéressant.

Nathalie Ouah, elles sont jolies ces photos ! Je peux les regarder ?

Caroline Oui, bien sûr !

C'est mon frère avec sa guitare ! Il prend des cours, il veut devenir musicien.

Nathalie Oh là ! Il doit travailler, hein !

Caroline Oui ! Il change d'avis tout le temps. D'abord vétérinaire, puis informaticien, ensuite coiffeur, traducteur. Imagine, il est nul en anglais. Après dentiste, dessinateur de BD, il est nul en dessin... et même écrivain ! J'hallucine, mon frère écrivain !

Nathalie Moi, je voudrais être prof d'histoire, comme ma mère. Je trouve que c'est un travail fascinant.

Caroline Et ton père, qu'est-ce qu'il fait ?

Nathalie Il est chauffeur de taxi.

Caroline Moi, plus tard, je veux être danseuse !

Nabil Salut, les filles ! Des copains nous attendent au cybercafé. On vous invite.

Caroline C'est qui ? Je les connais ?

Théo Ce sont mes copains de l'école de musique, tu ne les connais pas. Allez, ils nous attendent !

Caroline D'accord, mais ta guitare, tu la laisses à la maison !

Théo Ah, ah ! Très drôle !

2 Coche la bonne case.

1 Quel est le sujet principal de la conversation des deux filles ?

  A ☒ les professions.   B ☐ la musique.

2 Nathalie est :

  A ☐ la sœur de Caroline.   B ☐ une copine de Caroline.

3 Théo est :

  A ☐ le frère de Caroline.   B ☐ le cousin de Caroline.

4 La profession préférée de Caroline est :

  A ☐ danseuse.   B ☐ prof d'histoire.

5 La profession préférée de Nathalie est :

  A ☐ danseuse.   B ☐ prof d'histoire.

6 L'activité préférée de Théo est :

  A ☐ lire des revues.   B ☐ jouer de la guitare.

Dans cette unité, j'apprends :
- à parler des professions, à exprimer un désir ou une intention, à demander quelque chose ;
- les professions, les lieux de travail, les activités du temps libre ;
- les pronoms COD (Complément d'Objet Direct), les adjectifs démonstratifs, les présentatifs *c'est* ou *il est*, les verbes *entendre*, *lire*, *traduire*.

3 Mets les phrases dans le bon ordre.

1. ☐ Théo entre dans la chambre avec un copain.
2. ☐ Elles regardent les photos d'une revue sur la danse.
3. ☐ Ils invitent Caroline et Nathalie au cybercafé.
4. ☐ Elles entendent Théo jouer de la guitare.
5. ☐ Elles parlent des professions.
6. A Caroline est dans sa chambre avec Nathalie.

4 Trouve dans le texte les noms des professions qui correspondent aux verbes.

1. enseigner : professeur
2. dessiner : _____
3. danser : _____
4. écrire : _____
5. traduire : _____
6. coiffer : _____

C'est ton tour !

5 Observe ces professions. Quelle est ta profession préférée ? Pourquoi ?

 dessinateur
 danseur 
informaticien

 professeur
 écrivain 
musicien

Moi, j'aimerais être professeur, parce que...

6 Écoute et... chante ! Puis complète le texte à la page 121.

quinze 15

1 Les mots

Les professions

1 Associe les images aux professions, puis écoute et vérifie.

1. [G] Le chauffeur de taxi
2. [ ] Le coiffeur / La coiffeuse
3. [ ] L'ouvrier / L'ouvrière
4. [ ] Le musicien / La musicienne
5. [ ] Le médecin
6. [ ] Le dessinateur de BD / La dessinatrice de BD
7. [ ] Le comptable / La comptable
8. [ ] Le pilote
9. [ ] Le secrétaire / La secrétaire
10. [ ] Le vendeur / La vendeuse
11. [ ] Le vétérinaire
12. [ ] Le traducteur / La traductrice

Le lieu de travail

2 Où travaillent-ils ? Coche la bonne case.

1. Le chauffeur de taxi travaille dans
   A [ ] une usine.
   B [X] une voiture.
2. La comptable travaille dans
   A [ ] une banque.
   B [ ] un café.
3. La sécretaire travaille dans
   A [ ] un bureau.
   B [ ] un restaurant.
4. Le vendeur travaille dans
   A [ ] un magasin.
   B [ ] une gare.
5. Le musicien travaille dans
   A [ ] un théâtre.
   B [ ] un magasin.
6. L'ouvrier travaille dans
   A [ ] une usine.
   B [ ] une banque.

Les mots 1

Les loisirs

 3 Regarde les dessins, que font les personnages ?

1. **B** Elle lit un polar.
2. ☐ Il joue aux cartes.
3. ☐ Il collectionne des timbres.
4. ☐ Elle aime jouer de la guitare.
5. ☐ Il collectionne des BD.
6. ☐ Elle écoute de la musique.

— **Bon à savoir !** —
le polar = roman policier

Sons et lettres

Les sons [t] et [d]

 1 Écoute et fais attention à la prononciation.

- métier • demi • attendent
- traducteur • ton • vert
- il fait • dentiste • thé • deux

🟥 En français, le son [t] correspond à la graphie **t** de **ton**, **tt** de **attendre** et **th** de **thé**. En général, le **t** en fin de mot ne se prononce pas comme dans **fait** et **art**. Le **t** se prononce dans quelques mots comme **ouest** et **est** (attention, il s'agit du point cardinal et non du verbe *être* !).

🟥 Le son [d] correspond à la graphie **d** de **demi** et **dd** de **addition**.
Le **d** en fin de mot est muet comme dans **grand** mais se prononce dans le mot **sud**.

 **2** Écoute et coche le son que tu entends.

	1	2	3	4	5	6	7	8	9	10
[t]	☐	☐	☐	☐	☐	☐	☐	☐	☐	☐
[d]	☒	☐	☐	☐	☐	☐	☐	☐	☐	☐

3 Lis plusieurs fois et répète cette comptine. Écoute et vérifie.

Tombe, tombe la pluie

Tombe, tombe, tombe la pluie
Tout le monde est à l'abri
Y'a que mon petit frère
qu'est sous la gouttière
pêchant des poissons
pour toute la maison.

dix-sept **17**

1 Communication

Demander et dire la profession

 1 Écoute et répète.

- **A** Quelle est la profession de ta mère ?
- **B** Elle est médecin.

- **A** Qu'est-ce qu'il fait comme travail ?
- **A** Qu'est-ce qu'il fait dans la vie ?
- **B** Il est musicien.

- **A** Il est ouvrier ?
- **B** Non, il est comptable.

2 Fais un sondage dans ta classe. Pose des questions à tes copains sur la profession de leurs parents.

Quel est la profession de... ?

3 Mets les phrases du dialogue dans le bon ordre. Joue-le avec un copain.

1. ☐ *Léa* — Dans un magasin, elle est vendeuse.
2. ☐ *Paul* — Ma mère est comptable, elle travaille dans une banque et mon père est médecin.
3. [A] *Léa* — Quelle est la profession de tes parents ?
4. ☐ *Léa* — Il travaille dans un hôpital ?
5. ☐ *Léa* — Mon père est ouvrier.
6. ☐ *Paul* — Et ta mère, elle travaille où ?
7. ☐ *Paul* — Oui, à l'hôpital Sainte Anne. Et ton père, qu'est-ce qu'il fait ?

Exprimer un désir ou une intention

 4 Écoute et répète.

- Moi, je voudrais être prof !
- Plus tard, j'espère être vendeuse.
- J'aimerais devenir médecin.
- Je veux devenir comptable.
- Ça me dirait bien de devenir musicien !

5 Regarde ces personnages. Imagine ce qu'ils voudraient faire.

Moi, je voudrais être prof, j'aime enseigner !

6 À deux et à tour de rôle. Imagine ce que ton copain va faire après le collège. Il répond.

Toi, tu aimerais être chanteur !

C'est vrai !

C'est faux ! Je veux être vétérinaire.

Communication 1

Demander poliment quelque chose et répondre

7 Écoute et lis.

A Pourrais-tu me prêter cette revue ?
B Oui, je te la prête volontiers.

A Tu veux bien me passer les photos ?
B Oui, tiens.

A Tu peux me passer ton livre ?
B Oui, le voilà !

A Maman, peux-tu me prêter ton sac ?
B Non, pas question !

8 À deux et à tour de rôle. L'un demande quelque chose et l'autre peut répondre positivement ou négativement.

Demande à ton copain ou à ta copine
1. de te prêter un stylo.
2. de te donner son adresse.
3. de te passer le livre de français.
4. de te passer le dernièr CD de ton chanteur préféré.
5. de te prêter un pullover.
6. de te donner le numéro de téléphone d'un copain.

C'est ton tour !

9 À deux. Dites ce que vous voudriez devenir. Ulilisez au moins 5 professions.

10 Avec un copain, regarde les illustrations. L'un pose des questions pour demander le nom, l'âge, la nationalité, la situation de famille et l'autre répond.

1 La grammaire ? Facile !

Les pronoms COD

	Singulier	Pluriel
1ª pers.	me / m'	nous
2ª pers.	te / t'	vous
3ª pers.	le / l'*, la, l'*	les

* **l'** devant une voyelle ou un h muet.

- Les pronoms Complément d'Objet Direct (**COD**) remplacent un nom et répondent à la question *Qui ? Quoi ?* Ils se placent devant le verbe.
  Je l'appelle.
- Le pronom pluriel **les** s'emploie aussi bien pour le masculin que pour le féminin.
  J'aime les bonbons. Je les mange tous.
- Dans les phrases négatives, les pronoms compléments se placent après le **ne**.
  Ce livre ? Je ne l'ai pas lu.

Bon à savoir !

Même avec l'infinitif, les pronoms compléments se placent avant le verbe.
Ta guitare, je peux la prendre ?

1 Complète les phrases avec les pronoms COD.

1. J'ai vu **le professeur** de SVT. Je **l'**ai vu.
2. Voici **mes copains**. Je ____ vois.
3. Mon père vient avec **moi**. Il ____ accompagne.
4. **Lucas**, je ____ appellerai avant de sortir de chez moi !
5. J'adore **ton pull** vert ! Tu ____ mets pour sortir ?
6. Alors tu sais **ta leçon** ? Oui, je ____ sais par cœur !

Les adjectifs démonstratifs

	Singulier		Pluriel m, f
masculin devant une consonne ou un h aspiré	ce		ces
masculin devant une voyelle ou un h muet	cet		ces
féminin	cette		ces

Bon à savoir !

Pour souligner la proximité ou l'éloignement de ce dont on parle, on peut ajouter **-ci** et **-là**.
Je vous donne cette gomme-ci ou ce crayon-là ?

2 Complète les phrases avec les adjectifs démonstratifs.

1. À qui sont **ces** livres ?
2. J'aime bien ____ blouson noir, il est à ma sœur.
3. Patricia habite dans ____ maison au bord du lac.
4. ____ élève vient du Maroc, il s'appelle Nabil.
5. ____ filles sont les copines de ma sœur.
6. ____ matin, nous n'avons pas cours.
7. Tu connais ____ fille ?
8. Qu'est-ce que vous faites ____ soir ?

La grammaire ? Facile ! 1

Le présentatif *c'est* ou *il est*

Le verbe **être** à la troisième personne est utilisé comme présentatif. Il est toujours précédé d'un sujet : **ce** ou **il**.
On emploie **ce** devant :

- un nom propre ou une personne.
  C'est Madame Pons !
  C'est moi !
- un nom précédé d'un article ou d'un autre déterminant.
  C'est un musicien.
  Ce sont mes parents.
- un adjectif ou un adverbe
  C'est bien.
  C'est ici.
  C'est impossible.
  C'est loin.

On emploie **il** devant :

- un nom seul, sans déterminant.
  Il est musicien.
  Ils sont français.
- un adjectif ou un adverbe dont on parle avant ou après.
  Il est beau ce livre.
  Regarde ce jeu. Il est intéressant.

3 *Il* ou *ce* ? Complète.

1. **Ce** sont mes copains de l'école de musique.
2. _____ est le médecin de mon grand-père.
3. _____ est informaticien, il travaille chez IBM.
4. _____ sont Lucas et Nabil.
5. _____ est espagnol.
6. _____ est un grand joueur de tennis.

Les verbes

Indicatif présent	
entendre	**lire**
J'entends	Je lis
Tu entends	Tu lis
Il/Elle entend	Il/Elle lit
Nous entendons	Nous lisons
Vous entendez	Vous lisez
Ils/Elles entendent	Ils/Elles lisent

Les verbes **rendre**, **attendre**, **descendre**, **perdre**, **répondre** et **vendre** se conjuguent comme **entendre**.
⇨ *Voir : Tableau des conjugaisons.*

traduire	
Je traduis	Nous traduisons
Tu traduis	Vous traduisez
Il/Elle traduit	Ils/Elles traduisent

Le verbe **conduire** se conjugue comme **traduire**.

4 Complète les phrases en conjugant les verbes.

• lire • attendre • conduire
• répondre (2x) • traduire • jouer • rendre

1. Je **lis** souvent des BD avant de me coucher.
2. Nous vous _____ devant le collège.
3. Vous _____ des phrases en français.
4. Le chauffeur de taxi _____ son taxi.
5. Elle _____ au téléphone.
6. On _____ de la guitare.
7. Vous _____ à nos questions.
8. Marie et Louise _____ les livres à leur copine.

vingt et un 21

1 Mes savoir-faire

Écouter

1 Qui dit quoi ? Écoute l'enregistrement et associe les phrases aux images.

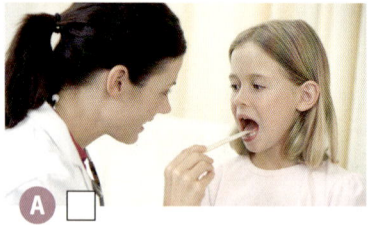
A

B

C

D

E

F

Lire

2 Lis cet article et réponds aux questions.

TITRE : _____

À la même question « Que veux-tu faire après tes études ? » 68% des lycéens interrogés ont répondu « Moi, je veux devenir fonctionnaire » et 73% des collégiens ont répondu « Professeur ». Les métiers liés aux nouvelles technologies sont en hausse, mais les jeunes n'ont pas envie de devenir ingénieurs, médecins. Pourquoi ? Peur de passer trop de temps à étudier peut-être ? Mais 35% des collégiens veulent devenir agriculteurs et aller vivre à la campagne. Les jeunes filles aiment les professions du tourisme, comme la restauration, car elles aiment cuisiner et être en contact avec les gens. Beaucoup d'entre elles voudraient aussi travailler dans le domaine des loisirs ou encore dans le domaine de la mode car elles aiment les nouvelles tendances. Elles pensent que ces métiers sont très dynamiques. En tout cas, tout le monde s'attend à bien gagner sa vie, à voyager et à ne pas avoir de problèmes de santé.

1 Quel titre peux-tu donner à cet article ?

2 Combien de jeunes veulent devenir fonctionnaires ?

3 Combien de jeunes veulent devenir professeurs ?

4 Combien de jeunes veulent devenir agriculteurs ?

5 Pourquoi les jeunes ne veulent-ils pas devenir ingénieurs ou médecins ?

6 Qu'est-ce que les jeunes filles aiment ? Et pourquoi ?

7 Quelles sont les aspirations des jeunes ?

Bonne idée !

Quand tu lis un texte et que tu ne comprends pas tous les mots, ne te précipite pas sur le dictionnaire. Aide-toi du contexte pour essayer de déduire les mots que tu ne connais pas. Utilise ceux que tu connais et fais des hypothèses par rapport au thème général.

Mes savoir-faire 1

Parler

3 Imagine que tu as 30 ans. Présente-toi, présente ta famille, parle de tes loisirs et de ta profession.

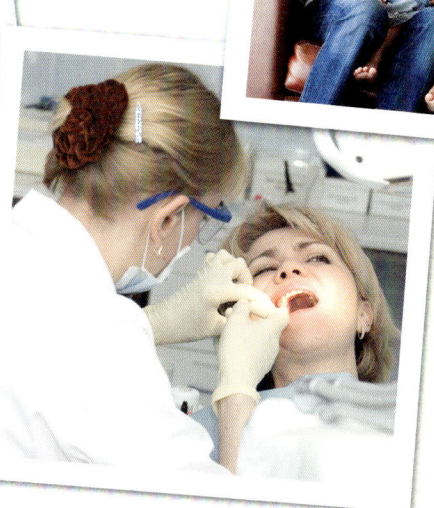

Écrire

4 Écris une petite annonce en suivant ces modèles.

 Jeune étudiante responsable, fan de sport et de bricolage, cherche petit boulot comme baby-sitter. **Disponible aussi le week-end.**

Contactez-moi au 21 55 07 18.

Jeune lycéen dynamique et fort en maths propose des cours particuliers pour les enfants pendant l'été. Prix modiques.
Appelez le
06 34 56 28.

 Vous cherchez un homme à tout faire ?

Je lave les voitures, je m'occupe du jardin et je fais de petites réparations. N'hésitez pas à m'envoyer un mél **julien@vivelavie.fr**. Disponible tous les jours sauf le week-end.

Unité 2 — J'ai faim !

1 Écoute et lis.

Caroline   Je m'ennuie.
La mère   Et tes devoirs ?
Caroline   Je n'en ai pas aujourd'hui.
Théo   Qu'est-ce qu'on mange ce soir ? On fait des crêpes ou une mousse au chocolat ?
Caroline   Faisons de la mousse au chocolat, mais bien sucrée. Prends les ingrédients dans le frigo.
Théo   Je préfère les crêpes salées... tant pis !
La mère   Et après, la vaisselle !
Caroline   Ça c'est moins rigolo !
La mère   Alors, pour faire de la mousse... Voilà, il faut du chocolat noir, des œufs, du beurre, du sucre et de la crème fraîche.
Caroline   Moi, je veux beaucoup de mousse, j'adore ça !
Théo   Mais... il n'y a pas de crème fraîche !
Caroline   Oh ! Il n'y en a plus ! Tu vas en acheter ?
Théo   Eh ! Je n'ai pas envie de sortir.
Caroline   Allez...
Théo   Bon... d'accord ! Combien ça coûte ?
La mère   Environ 3 euros.

Chez l'épicier

Théo   Bonjour monsieur, je voudrais un pot de crème fraîche, s'il vous plaît.
L'épicier   Voilà la crème fraîche. C'est tout ?
Théo   Oui, je vous dois combien ?
L'épicier   2,45 euros.
Théo   Merci, monsieur.

2 Dis si les affirmations sont vraies (V) ou fausses (F).

		V	F
1	La scène se passe dans la cuisine de la mère de Caroline.	☒	☐
2	Caroline et Théo vont préparer le déjeuner.	☐	☐
3	Caroline a beaucoup de devoirs aujourd'hui.	☐	☐
4	Théo aime les crêpes salées.	☐	☐
5	Caroline aime la mousse au chocolat.	☐	☐
6	Caroline et Théo aiment faire la vaisselle.	☐	☐
7	Théo doit acheter de la crème fraîche.	☐	☐
8	Théo va à l'épicerie.	☐	☐

Dans cette unité, j'apprends :
- à comparer des produits, à demander et dire le prix et à exprimer la quantité ;
- les aliments, les quantités, les magasins et les commerçants ;
- l'article partitif, le pronom *en*, les adverbes de quantité, les verbes en *-ayer*, *-oyer*, *-uyer*.

3 Que se passe-t-il ? Complète le résumé avec les mots de la liste.

- devoirs • crème fraîche • mousse au chocolat • aujourd'hui • dîner • pot

(1) Aujourd'hui, Caroline n'a pas de
(2) _____ et elle s'ennuie. Elle propose de faire de la (3) _____
pour le (4) _____ . Mais il n'y a pas de (5) _____ . Théo va en acheter un (6) _____ chez l'épicier.

4 Trouve les ingrédients de la mousse au chocolat.

1. ☒ du sucre
2. ☐ du lait
3. ☐ de la crème fraîche
4. ☐ de la sauce béchamel
5. ☐ de la farine
6. ☐ de la confiture de fraises
7. ☐ des œufs
8. ☐ du beurre
9. ☐ du fromage
10. ☐ du chocolat noir

▶ C'est ton tour !

5 Réponds aux questions.

Quel est ton dessert préféré ?
J'adore…
Quel dessert sais-tu préparer ?
Je sais faire…

2 Les mots

Je fais les courses

1 Samedi après-midi la mère de Caroline et de Théo va faire les courses. Écoute l'enregistrement. Quels produits achète-t-elle ?

Les magasins

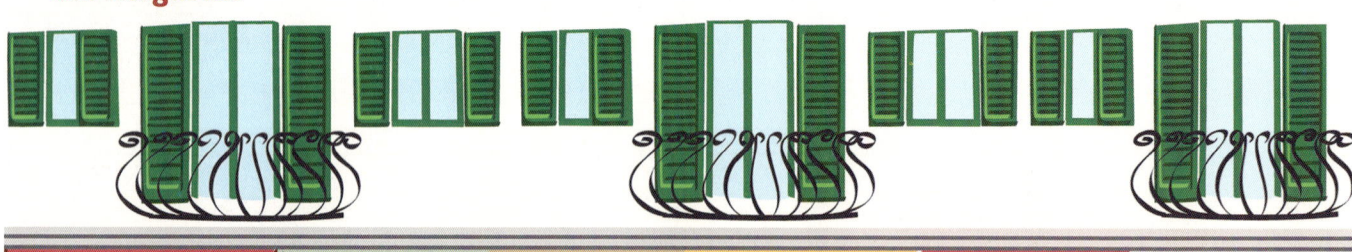

Les produits

- ☒ une baguette
- ☐ du pain de mie aux céréales
- ☐ du riz
- ☐ du sucre
- ☐ un steak
- ☐ des côtes de porc
- ☐ de la viande
- ☐ du saucisson
- ☐ du poisson
- ☐ une tranche de 300 gr de pâté de campagne

- ☐ de la farine
- ☐ des pâtes
- ☐ du camembert
- ☐ une salade
- ☐ une tranche de jambon
- ☐ de l'huile d'olive
- ☐ de la chantilly
- ☐ de la confiture

- ☐ un sac de pommes
- ☐ des citrons
- ☐ des poires
- ☐ des kiwis

Les mots 2

Les quantités

☐ une boîte d'ananas au sirop

☐ un bocal de pêches au sirop

☐ un paquet de biscuits

☐ des pots de yaourt

☐ une brique de lait

☐ un pack de jus de fruits

☐ des bouteilles d'eau minérale gazeuse

☐ une barquette de fraises

☐ un kilo de pommes de terre

Bon à savoir !

Tu remarques que l'on dit :

Quatre tranches de jambons et 200 gr de viande.

Les commerçants

2 Écoute encore une fois l'enregistrement et numérote les commerçants selon l'ordre.

1 ☐ le boulanger ☐ la boulangère
2 ☐ le poissonier ☐ la poissonnière
3 [A] l'épicier ☐ l'épicière
4 ☐ le boucher ☐ la bouchère
5 ☐ le marchand de fruits et légumes ☐ la marchande de fruits et légumes
6 ☐ le charcutier ☐ la charcutière

Sons et lettres

Les sons [ɔ] et [o]

 1 Écoute et fais attention à la prononciation.

- note • gros • joli • fromage • beau
- tôt • haut • eau • le vôtre • chose

■ Le son [ɔ] correspond à la graphie **o** et se prononce avec un son ouvert. Le son [o] fermé correspond à différentes graphies.

 2 Écoute et coche le son que tu entends.

	1	2	3	4	5	6	7	8	9	10
[ɔ]	☒	☐	☐	☐	☐	☐	☐	☐	☐	☐
[o]	☐	☐	☐	☐	☐	☐	☐	☐	☐	☐

3 Dictée. Complète les phrases avec les mots qui manquent.

Le professeur arrive à la _____ de la salle de classe et nous dit : « _____ _____ cahiers de français, on va faire une dictée. _____ _____ _____ stylos ». Nous écoutons avec attention, surtout les _____ que nous avons appris pendant la leçon précédente. Il lit à _____ voix deux fois, après il corrige et _____ le _____ le plus _____ en dictée.

2 Communication

Acheter un produit

1 Écoute et répète.

- A Bonjour monsieur, je voudrais un pot de crème fraîche, s'il vous plaît.
- B Voilà la crème fraîche. C'est tout ?

- A Bonjour, vous désirez ?
- B Je voudrais une brique de lait.

- A Et avec ça ?
  - B C'est tout, merci !
  - B Un kilo d'oranges, s'il vous plaît.

- A Voilà. C'est tout ?
  - B Oui, merci.
  - B Non, du fromage, aussi.

2 À deux. Regardez les personnages et imaginez ce qu'ils se disent.

Bonjour, je voudrais un croissant, s'il vous plaît.

Oui, merci.

Demander et dire un prix

3 Écoute et répète.

- A Combien coûte le lait ?
- A Le lait, c'est combien ?
  - B 6,60 € le pack.
  - B 1,20 € la bouteille.

- A Combien coûtent les biscuits ?
- B 3,30 € le paquet.

- A Ça fait combien ?
- A Je vous dois combien ?
  - B 10 €.
  - B Au total, 15 €.

- A Vous payez en espèces ou avec la carte ?
  - B En espèces.
  - B Avec la carte.

4 Lis le texte de la chanson à la page 121. Écoute et chante. À deux, imaginez le dialogue au supermarché et jouez-le.

Communication 2

5 Trouve l'ordre logique de ce dialogue.

1. ☐ les poires, 3,95 € le kilo, madame.
2. ☐ Je voudrais des fruits pour la salade de fruits. Il me faut des oranges, des pommes, des kiwis et des poires.
3. ☐ 4,50 € la barquette.
4. ☐ Combien coûte un kilo de poires ?
5. ☐ Bonjour, madame.
6. ☐ Alors... un kilo de poires, une barquette de fraises, 5 kiwis, et pour terminer un sac de pommes.
7. ☐ Et une barquette de fraises ?
8. ☐ Je paye avec la carte. Ça fait combien ?
9. ☐ Et les kiwis ?
10. ☐ Les kiwis ? Dix pour 5,80 € et les pommes 4,95 € le sac.
11. A Bonjour, monsieur Tabault.
12. ☐ Au total 15,80 € .

Exprimer des quantités

6 Écoute et répète.

- A Tu en veux combien ?
- A Vous en voulez combien ?
- B J'en veux un paquet.
- B Nous en voulons deux paquets.

7 À deux. Regardez les photos. L'un pose des questions et l'autre répond.

1 Un pack de lait
   Tu en veux combien ?
   Un pack, svp.

2 Un sac de pommes.

3 Trois tranches de viande.

4 Un morceau de fromage.

5 Une bouteille d'eau minérale.

6 Un kilo de kiwis.

▶ C'est ton tour !

8 Imagine et joue le dialogue. L'épicière ouvre le livre à la page 116.

Le client	salue l'épicière et demande le prix d'un pack de lait.
L'épicière	répond.
Le client	demande le prix des biscuits.
L'épicière	répond et demande combien elle en veut.
Le client	demande deux paquets.
L'épicière	demande si elle veut autre chose.
Le client	prend aussi un paquet de farine et deux pots de yaourts.
L'épicière	répond.
Le client	demande le prix total.
L'épicière	répond.

vingt-neuf

2 La grammaire ? Facile !

L'article partitif

1 Relis le dialogue de la page 24 et complète les phrases.

Pour faire de la mousse... (1) _____ chocolat noir, (2) _____ œufs, (3) _____ beurre et (4) _____ sucre, (5) _____ crème fraîche.

	Singulier	Pluriel
Masculin	du / de l'	des
Féminin	de la / de l'	

- L'article partitif exprime une quantité indéterminée et se forme avec la préposition **de** + les articles définis. Il s'accorde en genre et en nombre avec le nom qu'il accompagne. Il est toujours exprimé.
  Je mange de la salade et de la viande.

- On emploie la préposition **de** seule devant un nom précédé d'un adjectif qualificatif pluriel, dans les phrases négatives et après les adverbes de quantité **trop**, **beaucoup**, **peu**, **combien** et **moins**.
  J'achète de belles fraises.
  Je n'ai pas de crème chantilly.
  Combien d'œufs faut-il pour les crêpes ?

2 Complète les phrases avec l'article partitif.

1. Tu achètes du pain et _____ œufs.
2. Il y a beaucoup _____ élèves.
3. Nous avons encore _____ eau à acheter.
4. Désolé, je n'ai pas _____ fraises.
5. Elle ne mange pas _____ yaourt.
6. Il me faut _____ pommes.
7. Dans ce gâteau, il n'y a pas _____ farine.
8. Chez l'épicier, je prends _____ lait et _____ viande.

Le pronom *en*

3 Relis le dialogue de page 24 et complète la phrase.

Tu vas _____ acheter ?

- Le pronom **en** est invariable et a la fonction d'un complément d'objet.
  - Il se place toujours avant le verbe sauf à l'impératif affirmatif.
    J'en prends quatre.
    Je n'en prends pas quatre.
    N'en prends pas !
    Prends-en !
  - Si le verbe est suivi d'un infinitif, il se place avant l'infinitif.
    Je vais en manger.

4 Utilise le pronom *en* et trasforme les phrases.

1. Nous prenons des bananes.
   Nous en prenons.
2. Elles mangent des biscuits.
   _____
3. Nous ne mangeons pas de chocolat.
   _____
4. Caroline achète des yaourts.
   _____
5. Tu as des fruits ?
   _____
6. Caroline a trois copines.
   _____
7. Vous avez des pommes.
   _____
8. Elles ont des BD.
   _____

La grammaire ? Facile ! 2

Les adverbes de quantité

Les adverbes **assez**, **autant**, **combien**, **moins**, **un peu** spécifient une quantité et sont toujours invariables. Devant un nom, il faut leur ajouter la préposition **de**.
***Combien de** BD as-tu ?*

5 Écoute et complète avec les adverbes. (1-26)

1. Sandrine aime boire beaucoup d'eau dans la journée.
2. Le soir, j'aime écouter _____ musique.
3. Je mange _____ salade et _____ pain.
4. Il n'y a pas _____ farine, il faut aller en acheter.
5. Dans ma classe, il y a _____ posters.
6. Nous voudrions manger encore _____ fromage.
7. _____ CD avez-vous ?
8. Nous aimons _____ jouer à l'ordinateur.

6 Écris ce que tu aimes prendre au petit-déjeuner, au déjeuner et au dîner.

Au petit-déjeuner, j'aime manger un peu de pain avec _____
Au déjeuner, _____
_____
Au dîner, _____
_____

Les verbes en *-ayer, -oyer, -uyer*

7 Observe et complète.

Indicatif présent	
payer	**essayer**
Je paie / paye	J'essaie / essaye
Tu paies / payes	Tu _____
Il/Elle paie / paye	Il/Elle _____
Nous payons	Nous _____
Vous payez	Vous _____
Ils/Elles paient / payent	Ils/Elles _____
nettoyer	**essuyer**
Je nettoie	J'essuie
Tu nettoies	Tu _____
Il/Elle nettoie	Il/Elle _____
Nous nettoyons	Nous _____
Vous nettoyez	Vous _____
Ils/Elles nettoient	Ils/Elles _____

Les verbes en **-ayer**, **-uyer**, **-oyer** changent le **y** en **i** devant le **e** muet. Pour les verbes en **–ayer** le changement est facultatif, les deux formes sont correctes. Le verbe **essayer** se conjugue comme **payer** et les verbes **essuyer** et **appuyer** se conjuguent comme **ennuyer**.

⇒ *Voir : Tableau des conjugaisons.*

8 Complète les phrases avec les verbes proposés.

• essuyer • payer (2x) • nettoyer
• s'ennuyer • essayer

1. Je paie les courses avec la carte.
2. Le dimanche, elle _____ .
3. Il _____ son nouveau téléphone.
4. Vous _____ votre chambre.
5. Caroline _____ la table.
6. Ils _____ les boissons.

trente et un 31

2 — Mes savoir-faire

Écouter

1 Écoute et trouve l'ordre logique de ces dessins.

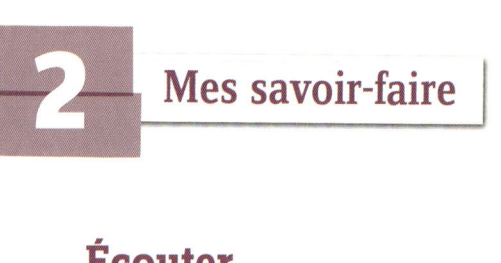

1  ☐ 2  ☐ 3 ☐

4  ☐ 5  ☐ 6 ☐

Parler

2 Tu veux préparer un dîner entre copains. Fais la liste des courses à faire. Dis dans quel magasin tu iras et imagine les dialogues. Un copain sera le vendeur.

1 du riz
2 _____
3 _____
4 _____
5 _____
6 _____

Bonne idée !

Quand tu dois simuler un dialogue, essaie d'imaginer les questions que peut te poser ton interlocuteur et prépare quelques réponses possibles.

32 trente-deux

Mes savoir-faire 2

Lire

3 Lis le petit mot et réponds aux questions.

Caroline,
Je rentre à 19h30, peux-tu aller faire des courses ?
Pour le dîner, achète une baguette, une salade, deux tranches de jambon, un steak, du fromage, et quatre barquettes de fraises pour le dessert.
Il nous faut aussi des céréales et un litre de lait pour le petit-déjeuner.
Et si tu veux, achète aussi une tablette de chocolat pour ton goûter de demain.
Merci, ma chérie.
Maman

1 Qui est le destinataire de ce petit mot ?

2 À quelle heure rentre la mère de Caroline ?

3 Qu'est-ce qu'elle demande de faire ?

4 Qu'est-ce qu'il faut acheter pour le dîner ?

5 Qu'est-ce qu'il faut acheter pour le petit-déjeuner ?

6 Et pour le goûter ?

Écrire

4 Écris un petit mot à ta mère. Tu veux inviter des amis à dîner chez toi samedi. Demande-lui de t'aider à préparer ce que tu voudrais faire goûter à tes amis.

5 Écris un mail à tes amis pour les inviter à dîner. Précise l'heure, le jour et annonce les plats qu'ils vont goûter.

trente-trois 33

Unité 3 — Il neige !

 1 Écoute et lis.

Caroline au téléphone avec Patricia.

Caroline   Patricia, ça fait une heure que je t'attends.
Patricia   Il neige depuis deux heures. Il fait froid et il y a du vent.
Caroline   Tu es où ?
Patricia   Devant l'église, j'arrive dans un quart d'heure.
Caroline   À tout de suite, alors.

Quelques minutes plus tard...

Caroline   Regarde cette page web, il y a plein de cartes de Noël rigolotes.
Patricia   Ouais, elle sont belles !
Caroline   À qui on écrit en premier ?
Patricia   À Guillaume. J'adore cette carte avec le père Noël à vélo, les guirlandes et les cadeaux ! Et en plus, elle est musicale !
Caroline   D'accord. Alors... *On te souhaite un Joyeux Noël et une bonne année.* Non, c'est trop, *Joyeux Noël !* Ça suffit.
Patricia   Oui, tu as raison ! Allez, on continue.
Théo   Regardez les filles, dans le jardin il y a beaucoup de neige, on va faire un bonhomme ?
Caroline   Et mes cartes... c'est le seul moment où je peux les écrire.
Patricia   Allez Caroline, on va s'amuser !
Théo   Allez !

Plus tard...

Caroline   Bon, d'accord !
Caroline   Oh non ! Il y a trop de vent, je déteste le vent.
Patricia   Mais moi, j'adore la neige ! C'est la première fois ici !
Théo   Arrêtez de râler, les filles ! Le bonhomme de neige nous attend !

2 Réponds aux questions.

1. En quelle saison se passe la scène ?
   En hiver.
2. Où se passe la scène ?
   _____
3. Qui est en retard ? Pourquoi ?
   _____
4. Que font les deux copines aujourd'hui ?
   _____
5. À qui elles vont écrire ?
   _____
6. Quels dessins y a-t-il sur la carte ?
   _____
7. Que veut faire Théo ?
   _____
8. Pourquoi Caroline proteste-t-elle ?
   _____

Dans cette unité, j'apprends :

- à dire la date, à demander et à donner des nouvelles du temps, à faire et à recevoir des vœux ;
- les phénomènes météo, les fêtes, les nombres supérieurs à 100 ;
- les expressions de temps, les verbes impersonnels *il neige*, *il pleut*, ... les verbes *écrire* et *souhaiter*.

3

3 Que se passe-t-il ? Lis encore une fois le dialogue et complète le résumé.

Le (1) 17 décembre, (2) _____ attend Patricia. Elle est en retard car il neige depuis (3) _____ .
Caroline et Patricia cherchent sur (4) _____ des (5) _____ .
Elles écrivent à Guillaume une carte avec le père Noël à vélo, les guirlandes et les cadeaux !
Théo veut faire un bonhomme de (6) _____ et invite les filles à (7) _____ dans le (8) _____ .

4 Qu'est-ce que Caroline et Patricia écrivent sur la carte ?

C'est ton tour !

5 Réponds aux questions.

1. Quelle est ta saison préférée ?
2. Quelle saison tu n'aimes pas ? Pourquoi ?
3. Où aimes-tu aller au printemps ?
4. Qu'est-ce que tu aimes faire en hiver ?
5. Que peux-tu faire avec ta famille, tes amis ?
6. Quel sport peux-tu pratiquer ?

> J'aime le ...

trente-cinq 35

3 Les mots

La météo

 1 Écoute et complète.

| verglas | pluie | soleil | neige | couvert | orage |

| températures en baisse | éclaircies | vent | brouillard | - ciel nuageux - nuages | températures en hausse |

Aujourd'hui, sur l'Italie, le (1) *ciel* est (2) *nuageux*. Une pertubation apporte des (3) _____ et des (4) _____ dans le sud du pays.
Températures (5) _____ .
Du (6) _____ dans la soirée. Dans le sud de l'Espagne, le temps change et il y a du (7) _____ .
Il fait bon et doux. En remontant, sur la France on doit s'attendre à de la (8) _____ sur Paris. Un léger (9) _____ de l'est fait baisser la température.

Attention au (10) _____ dans la nuit en Allemagne et à la (11) _____ dans la matinée. En Grand-Bretagne et en Irlande, le (12) _____ reste (13) _____ avec des (14) _____ . Dans le nord de l'Europe, des (15) _____ et des (16) _____ pendant toute la journée. Les (17) _____ sont (18) _____ . Sur la Grèce, du (19) _____ et encore des (20) _____ .

2 Associe la photo à l'expression.

❶ C ❷ ☐ ❸ ☐ ❹ ☐ ❺ ☐ ❻ ☐

A Oh ! Il y a du verglas, fais attention !
B N'oublie pas ton parapluie, il pleut !
C Le soleil, je n'aime pas ça !
D Attention au vent !
E Je ne vois pas le bout de mon nez ! Quel brouillard !
F Dommage, il y a des nuages !

Les mots 3

Les fêtes

3 Écoute et associe les images aux fêtes.

1 F
2 ☐
3 ☐
4 ☐
5 ☐
6 ☐

A   La Saint-Sylvestre / Le jour de l'An
B   Le Carnaval
C   La Saint-Valentin
D   Le 14 juillet
E   Pâques
F   Noël

4 C'est quand ? Trouve la date ou le jour pour chaque fête.

- le 25 décembre
- le mardi gras
- un dimanche
- le 1ᵉʳ janvier
- le 14 février
- le 31 décembre

1   Carnaval, c'est le **mardi gras**.
2   Le jour de l'An, c'est _____ .
3   La Saint-Valentin, c'est _____ .
4   La Saint-Sylvestre, c'est _____ .
5   Noël, c'est _____ .
6   Pâques, c'est _____ .

Les nombres au-delà de 100

5 Associe les cadeaux aux numéros, puis écoute et vérifie.

1   F   cent un/une
2   ☐   deux cents
3   ☐   deux cent quarante
4   ☐   trois cents
5   ☐   mille
6   ☐   mille neuf cents
7   ☐   mille neuf cent quatre-vingts
8   ☐   deux mille dix
9   ☐   un million
10 ☐   un milliard

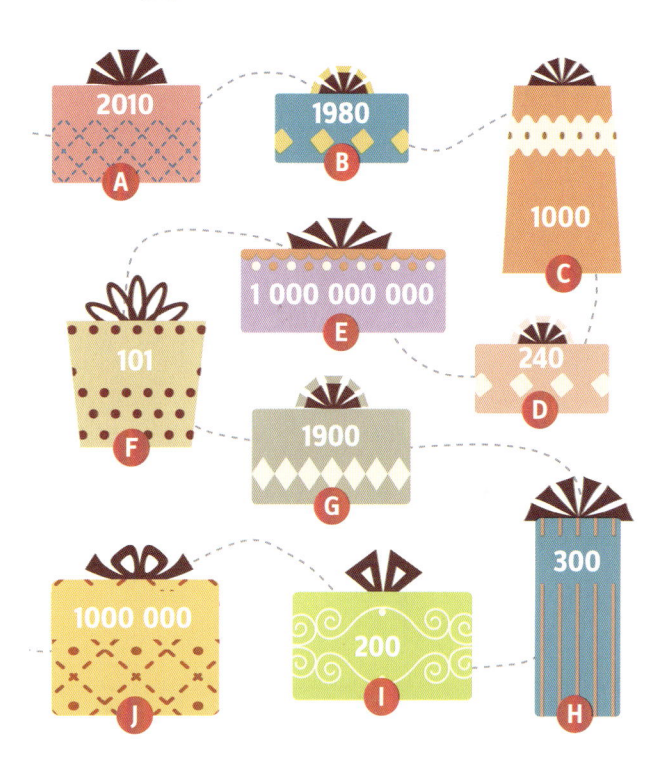

A 2010
B 1980
C 1000
D 240
E 1 000 000 000
F 101
G 1900
H 300
I 200
J 1000 000

6 Écoute et écris les numéros cardinaux en chiffres et en lettres.

1   102   cent deux
2   _____   _____
3   _____   _____
4   _____   _____
5   _____   _____
6   _____   _____
7   _____   _____
8   _____   _____

trente-sept 37

3 Communication

Dire des dates

1 Écoute et répète.

- **A** C'est quel jour aujourd'hui ?
- **A** On est quel jour aujourd'hui ?
- **B** Aujourd'hui, c'est le premier avril.

- **A** On est le combien ?
- **B** On est le 29 janvier 2012.

- **A** Quel jour sommes-nous aujourd'hui ?
- **B** Nous sommes le mercredi 21 mars.

2 À deux. Regardez les photos et posez des questions.

> On est le combien ?
> On est le 25 décembre.

Demander et dire le temps qu'il fait

3 Écoute et répète.

- **A** Quel temps il fait aujourd'hui ?
- **B** Il fait beau !
- **B** Il fait chaud.

- **A** Comment est le ciel aujourd'hui ?
- **B** Le ciel est gris !

- Aujourd'hui, il y a du vent !
- Il fait mauvais !
- Il fait bon.
- Le vent souffle et apporte la pluie.
- Ce matin, le ciel est couvert.
- Il fait 2 degrés.
- Les températures baissent/augmentent.

4 Observe les personnages. Quel temps fait-il ?

Il fait chaud !

5 Imagine un bulletin météo.

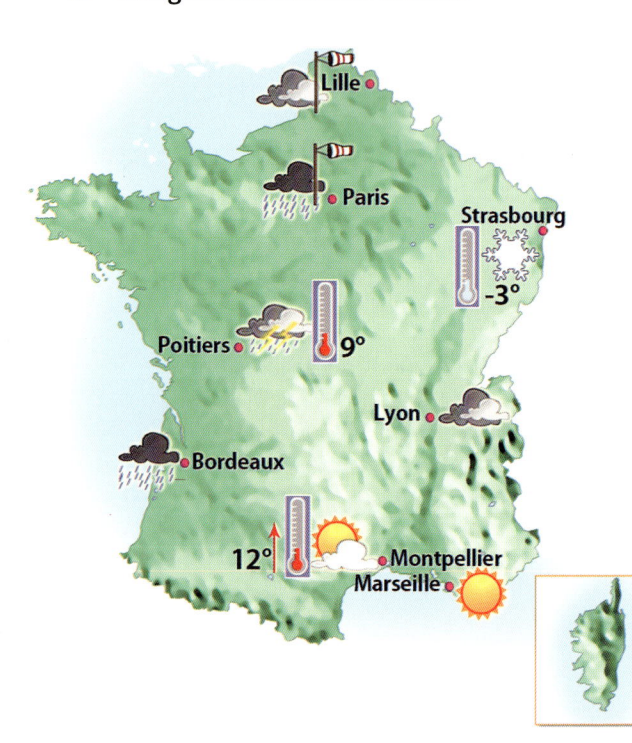

38 trente-huit

Communication 3

Présenter ses vœux et répondre

6 Écoute et répète.

A Joyeux Noël !
B Merci, joyeuses fêtes à toi aussi !

A Je te souhaite une bonne année !
B Tous mes vœux !

A Tous mes vœux pour cette nouvelle année !
B Merci, mes meilleurs vœux à vous aussi !

A Nous vous souhaitons de joyeuses Pâques !
B Joyeuses Pâques !

7 Écoute, complète et joue la conversation avec un copain.

Nous sommes le 23 décembre.

Paul Bonjour Lucie, tu vas bien ?
Lucie Oui, merci.
Paul _____
Lucie Merci. _____ .
Je vais appeler Kévin, pour lui _____ .
Paul Moi, je vais appeler Sandrine.
Lucie Tu lui présentes mes vœux ?
Paul Oui, bien sûr ! Le 2 janvier, je rentre.
Lucie On se revoit au collège alors.
Paul Oui ! _____
Lucie Moi aussi. Tchao, _____ !

Sons et lettres

Les sons [k] et [g]

1 Écoute.

- église • quart • regarde • guirlandes
- cadeaux • d'accord • gants • que

■ En français, le son [k] correspond à différentes graphies.
- c + a, o, u : **café**, **code**, **cuisine**
- c + consonne : **classe**
- cc + a, u, consonne : **occasion**, **occuper**, **acclamer**
- qu + a, e, i, o : **quatre**, **quoi**
- ch + consonne : **technique**
- k : **ski**

■ Le son [g] a différentes graphies.
- g + a, o, u, l, r : **gare**, **gras**, **verglas**
- gu + e, i : **longue**, **guide**

2 Écoute et coche le son que tu entends.

	[k]		[g]
1	☐ coûter	☒	goûter
2	☐ quand	☐	gant
3	☐ oncle	☐	ongle
4	☐ coffre	☐	gaufre
5	☐ cri	☐	gris
6	☐ classe	☐	glace

Faire un froid de canard !

3 La grammaire ? Facile !

L'expression de temps

🟡 Vous connaissez déjà les expressions de temps **à**, **de ... à**, **dans**, mais il en existe d'autres : **avant**, **depuis**, **pendant**, **dès**, **pour**, **il y a**, **jusqu'à**, **entre** qui introduisent un complément de temps.

🟡 **Avant + nom / pronom / l'heure**
J'arrive **avant** Noël.

🟡 **Depuis**
Il pleut **depuis** trois heures.

🟡 **Pendant que + verbe**
Je fais du ski **pendant qu**'il neige.

🟡 **Dès qu'il + verbe**
Dès qu'il grêle, je rentre chez moi.

🟡 **Pour**
Samedi, je vais à la montagne **pour** une semaine.

🟡 **Il y a ... / Ça fait... que**
Je suis rentré en France **il y a** un an.
Ça fait une heure **que** j'attends.

🟡 **Jusqu'à**
Je reste chez moi **jusqu'à** la fin des vacances.

🟡 **Entre**
Il va au collège **entre** septembre et juin.

1 Complète avec les expressions de temps.

1 Nous allons faire du ski dès qu'il fait jour.
2 _____ deux mois _____ j'habite en France.
3 Je reste au collège _____ la fin des cours.
4 Il travaille _____ 8h et 12h.
5 Je rentre tous les jours _____ 19h.
6 _____ il fait froid, je mets mon anorak.
7 Il écrit une lettre _____ une heure.
8 Je mange avec mes parents _____ mon père arrive.
9 _____ une semaine _____ il pleut tous les jours.
10 Il va à Londres _____ un an.

Les verbes impersonnels

Infinitif	Indicatif présent
geler	Il gèle
grêler	Il grêle
neiger	Il neige
pleuvoir	Il pleut
tonner	Il tonne

🟡 Les verbes relatifs aux phénomènes météorologiques sont impersonnels et se conjuguent uniquement à la troisième personne du singulier.

🟡 Le verbe **faire** suivi d'un nom ou d'un adjectif s'emploie de manière impersonnelle dans les expressions suivantes :
Il fait beau, il fait mauvais, il fait chaud, il fait froid, il fait du vent, il fait soleil, il fait jour, il fait nuit.

2 Complète les phrases avec les verbes.

1 Je rentre car il neige (neiger) depuis ce matin.
2 Rentrons les voitures, _____ (geler).
3 Prends ton imperméable et ton parapluie, _____ (pleuvoir).
4 Quel dommage, _____ (grêler) au printemps.
5 Virginie, écoute ! _____ (tonner) !
6 Attention de ne pas glisser, _____ (neiger).
7 Ce matin _____ (pleuvoir) beaucoup.
8 _____ (neiger) ! On va faire du ski ?
9 Je prends mon blouson, _____ (faire) froid!
10 Depuis cette nuit, _____ (neige) beaucoup.

La grammaire ? Facile ! 3

3 Réponds aux questions en utilisant des verbes impersonnels.

1. Pourquoi tu prends tes gants ?
   Parce qu'il fait froid.
2. Pourquoi tu vas au ski ?
   _____ .
3. Pourquoi tu vas à la mer ?
   _____ .
4. Pourquoi tu vas à l'école en bus aujourd'hui ?
   _____ .

4 Complète les phrases en observant les pictogrammes.

1. On ne peut pas aller à la mer, parce qu' _____ .
   On ne peut pas aller à la mer, parce qu'il pleut.
2. _____ ! On ne peut pas aller à l'école.
3. Attention, _____ .
4. Aujourd'hui, je ne peux pas jouer au tennis parce qu' _____ .
5. Dès qu' _____ nous allons à la montagne.
6. Aujourd'hui, je reste à la maison, _____ _____ .
7. _____ depuis une semaine.
8. Quand _____ , mon frère prend le bus pour aller à l'école.

Les verbes *écrire* et *souhaiter*

Indicatif présent	
écrire	**souhaiter**
J'écris	Je souhaite
Tu écris	Tu souhaites
Il/Elle écrit	Il/Elle souhaite
Nous écrivons	Nous souhaitons
Vous écrivez	Vous souhaitez
Ils/Elles écrivent	Ils/Elles souhaitent

- Le verbe **décrire** se conjugue comme **écrire**.
- Les verbes réguliers qui finissent en **-er** se conjuguent comme **souhaiter**.

5 Complète les phrases avec les verbes proposés.

- continuer • détester • s'amuser
- arriver • emporter • baisser • changer
- souhaiter • apporter • écrire

1. J'apporte des gâteaux pour ton anniversaire.
2. En hiver, la température _____ .
3. Elle _____ la neige et la pluie.
4. Nous _____ des cartes postales.
5. Vous vous _____ avec l'ordinateur.
6. Après la publicité, le film _____ .
7. J' _____ samedi matin à 8h.
8. Elle _____ de pull avant de sortir.
9. Tu _____ de bonnes vacances à tes amis.
10. Le vent _____ les chapeaux.

3 Mes savoir-faire

Écouter

1 Écoute l'enregistrement et complète le texte avec le bon pictogramme.

- A orages
- B neige
- C brouillard
- D soleil
- E éclaircies
- F couvert
- G pluie
- H variable
- I averses
- J nuit couverte

Une perturbation circulera au nord de la Loire en apportant (1) _____ précédées de quelques flocons de (2) _____ vers la mi-journée du Massif Central à la Bourgogne, jusqu'à la frontière allemande.
(3) _____ reviendront près de la Manche, surtout en Bretagne et sur le Cotentin. Sur la moitié sud, le ciel sera (4) _____ et sera (5) _____ dans la soirée.

Quelques (6) _____ se produiront sur le sud-ouest.

Parler

2 Avec un copain. Imagine le dialogue.

A C'est le 31 décembre et tu es allé(e) à la montagne avec tes parents. Tu téléphones à un/(e) ami/(e).
A Il neige et tu fais du snowboard.
A Tu lui demandes le temps qu'il fait en ville.
A Tu lui souhaites une bonne année.
A Tu lui donnes rendez-vous pour jeudi prochain au collège.

B Ton ami/(e) est à la montagne avec ses parents. Il/Elle te téléphone.
B Tu lui demandes qu'est-ce qu'il/elle fait.
B Tu lui parles du temps qu'il fait chez toi.
B Tu le/la remercies pour ses vœux et tu lui présentes tes vœux.
B Tu le/la salues.

Mes savoir-faire 3

Lire

3 Associe la bonne carte au bulletin.

C'est une belle journée bien ensoleillée, voilée sur le flanc est où pourtant il ne pleut pas. Nuages en Corse avec des orages dans la soirée. Très nuageux dès le début de la matinée sur les côtes bretonnes. On attend des bancs de brume en val de Garonne. Sur les Pyrénées encore de la pluie, mais des éclaircies arriveront dans l'après-midi. La Provence sera bien ensoleillée avec des températures entre 10 et 18 degrés. Le ciel sera couvert pendant toute la journée dans le centre. La carte est la numéro _____

Écrire

4 Tu es en vacances et tu envoies une carte postale à un ami. Décris le temps qu'il fait et ce que tu fais. Tu le salues.

Bonne idée !

Lis bien la consigne avant de commencer à écrire ; fais attention à ne pas être hors-sujet. Écris des phrases simples, claires et courtes en évitant d'ajouter des détails qui ne sont pas demandés.

3 Regards sur...

L'EUROPE FRANCOPHONE

Parlez-vous français ? Les Français ne sont pas les seuls à pouvoir répondre ! En Suisse, en Belgique et au Luxembourg aussi on parle français. Découvrons ces pays francophones à travers leurs villes.

Bruxelles

Ici, on parle français mais 60% de la population belge parle le néerlandais. Bruxelles est l'un des sièges de l'Union européenne, mais elle est aussi célèbre pour sa Grand-Place. Tous les deux ans, celle-ci devient un énorme tapis de fleurs ! Son symbole ? Le Manneken Pis, un petit garçon en bronze qui fait pipi ! Quelquefois, on l'habille. La Belgique est la patrie des frites, des gaufres et du chocolat.

Regards sur... **3**

Luxembourg

Ici on parle le luxembourgeois, le français et l'allemand. La ville a été une importante citadelle, et on peut admirer les remparts de la vieille ville. La petite Suisse luxembourgeoise est l'ensemble des vallées où il fait bon se promener.
Ses spécialités ? Les bouchées à la reine, la tarte aux prunes et les bretzels aux amandes.
Luxembourg est le siège de la Cour de Justice de la Communauté européenne, de la Banque européenne d'investissement et de la Cour des comptes européenne...

Genève

Ici, on parle français, mais en Suisse, on parle aussi italien, romanche et surtout allemand. Le lac de Genève, le lac Léman, est le plus grand de l'Europe francophone. Son jet d'eau est un monument liquide qui éjecte 500 litres d'eau par seconde. La Suisse est le pays du chocolat et des horloges mais c'est surtout le siège de nombreuses organisations internationales comme par exemple la Croix-Rouge et l'Organisation mondiale de la santé (OMS).

1 Vrai ou faux ?

V F

1. À Bruxelles, on parle aussi allemand. ☐ ☐
2. La Grand-Place se trouve à Genève. ☐ ☐
3. Le Manneken Pis est le symbole de Bruxelles. ☐ ☐
4. Luxembourg est le siège de l'OMS. ☐ ☐
5. À Luxembourg on mange de la tarte aux prunes. ☐ ☐
6. Luxembourg est le pays des horloges. ☐ ☐
7. Le lac de Genève est le plus grand d'Europe. ☐ ☐
8. Genève est le siège de la Croix-Rouge. ☐ ☐

▶ **À toi !**

2 Approfondis tes connaissances sur l'Europe francophone. Recherche d'autres informations sur un de ces pays de ton choix.

Unités 1-3 — Je fais le point 1

1 Trouve l'intrus.

1. steak, pain, baguette, croissant
2. médecin, ouvrier, coiffeur, usine
3. voiture, café, vétérinaire, banque
4. traducteur, musicienne, ouvrière, coiffeuse
5. jouer, timbre, collectionner, écouter
6. épicerie, camembert, riz, lait
7. pâtes, riz, jus de fruits, farine
8. boucher, charcutier, poissonnier, poisson
9. nuages, carnaval, neige, orage
10. température, brouillard, nuages, pluie

Points ____ 10

2 Transforme les phrases avec les pronoms COD.

1. As-tu regardé ce livre ?
   _____
2. Il lit le message.
   _____
3. Je veux voir cette jupe.
   _____
4. Je termine les devoirs.
   _____
5. Nous écoutons de la musique.
   _____
6. Elles aiment les fruits.
   _____

Points ____ 6

3 Complète avec les adjectifs démonstratifs.

1. Veux-tu _____ bombe de chantilly ?
2. _____ mois-_____ il fait chaud !
3. Dans _____ région-_____ , il ne neige jamais.
4. Je voudrais _____ croissants, s'il vous plaît !
5. Il va au collège avec _____ voiture.
6. _____ jours-_____ , on fête son anniversaire.
7. Nous désirons manger _____ pâtes.
8. Je veux _____ meubles pour ma chambre.

Points ____ 8

4 Complète avec les partitifs.

1. Marine, prend _____ jus de pommes.
2. Il me faut _____ salade pour midi.
3. J'aime manger beaucoup _____ fruits au dîner.
4. Nous n'avons pas _____ argent.
5. Elle achète _____ fraises.
6. Combien _____ sucre faut-il ?

Points ____ 6

Je fais le point 1

5 Utilise *c'est* ou *il est*.

1 _____ la banque de ma ville.
2 _____ ouvrier.
3 _____ loin le collège ?
4 _____ tard !
5 _____ le cousin de Carole.
6 _____ monsieur Terrou.

| Points ___ | 6 |

6 Complète avec les expressions de temps.

1 Je viens vous voir _____ les vacances.
2 _____ un mois que j'étudie cette langue.
3 Je reste ici _____ la fin de la journée.
4 Il déjeune _____ midi et 14h.
5 Je chante _____ que je me douche.
6 Il neige _____ ce matin.

| Points ___ | 6 |

7 Écoute et complète avec les verbes.

1 _____ des phrases.
2 _____ de la bonne musique.
3 _____ à sa mère.
4 Est-ce que _____ la salade ?
5 _____ au cinéma.
6 _____ cette jupe.
7 _____ un message.
8 _____ de bonnes fêtes.

| Points ___ | 8 |

Après avoir fait les exercices, calcule tes points. Vérifie avec ton professeur !

Total des points ___ / 50

Pour aller plus loin… à l'oral

8 Écoute et indique la bonne carte.

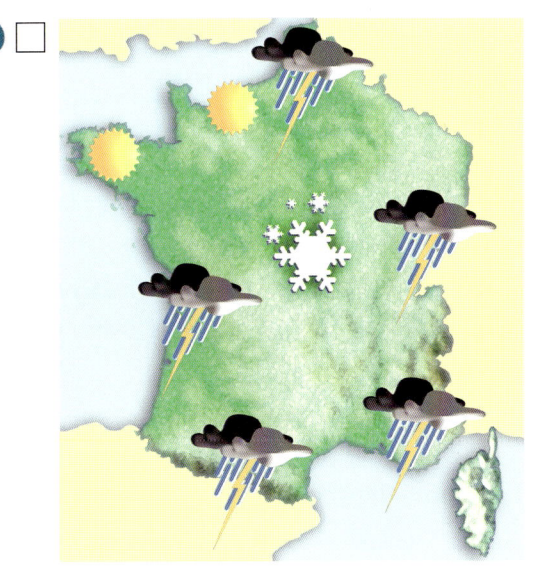

1 ☐

2 ☐

Unité 4 — Noël à la montagne !

1 Écoute et lis.

Caroline au téléphone avec Nathalie.

Nathalie Qu'est-ce que tu fais le 31 décembre, tu sors avec ton frère ?
Caroline Je ne sais pas !
Nathalie Je viens de téléphoner à Lucas, ils nous invite à une méga-fête !
Caroline Génial ! Mais où ?
Nathalie Ça, mystère !
Le père Caroline, Théo, venez dans le salon.
Caroline Mon père m'appelle ! Je te rappelle dans un instant. Tchao, à plus.
Le père Les enfants, on est en train de vous préparer une surprise !
La mère On part pour Issarbe où on va skier et faire de la rando pendant dix jours.
Théo Super ! J'adore la montagne en hiver !
Caroline Oh non, il fait froid en hiver ! Je préfère la montagne en été. Maman, je peux choisir mon cadeau de Noël ?
La mère Oui Caroline, qu'est-ce que tu veux ?
Caroline Je veux rester en ville !
Théo Arrête de râler, c'est super. Depuis l'hiver dernier, je descends les pistes rouges en cinq minutes ! Et toi, tu vas faire de la luge.
Caroline Arrête, c'est pour les bébés, la luge ! Je n'aime pas la luge…
Théo On part quand ?
La mère Dans deux jours. On vient de louer un chalet.
Caroline Alors on va passer le réveillon de la Saint-Sylvestre là-bas ? Mais maman…

2 Dis si les affirmations sont vraies (V) ou fausses (F).

		V	F
1	Nathalie parle au téléphone avec Caroline.	X	
2	Lucas a invité Caroline et Nathalie à une méga-fête.		
3	Les parents de Caroline sont dans le salon.		
4	La mère de Caroline propose de rester en ville.		
5	Caroline veut descendre les pistes rouges.		
6	Ils vont passer le réveillon de la Saint-Sylvestre à Issarbe.		

Bon à savoir !

la luge = petit traineau pour glisser sur la neige
râler (fam.) = manifester sa mauvaise humeur par des plaintes

Dans cette unité, j'apprends :
- à parler des projets de vacances, à situer des événements dans le temps, à exprimer la durée ;
- les fêtes et les lieux de vacances ;
- le pronom *où*, le *présent continu*, le *passé récent*, le verbe *choisir*.

4

3 Coche les activités que la famille de Caroline va pratiquer à Issarbe.

1. ☐ faire de la rando
2. ☐ faire du ski 
3. ☐ faire du snowboard 
4. ☐ faire de la luge 
5. ☐ faire du patin à glace 
6. ☐ faire de la motoluge 

4 Relis le dialogue et complète les phrases.

1. Caroline voudrait passer la Saint-Sylvestre en ville.
2. Les parents de Caroline viennent de louer _____.
3. Ils vont skier et _____.
4. Caroline n'aime pas _____.
5. Théo descend _____.
6. Ils vont partir _____.

▶ C'est ton tour !

5 Réponds aux questions.

1. Pratiques-tu des sports d'hiver ?
2. Quel sport d'hiver est-ce que tu préfères ? Pourquoi ?

4 Les mots

Les vacances et les lieux

1 Regarde les images. Écoute et complète le texte.

A les colonies de vacances
B le camping-car 
C la tente 
D le gîte rural 
E le village de vacances 
F l'hôtel 
G le chalet 
H l'appartement 
I la chambre d'hôtes 

Medhi aime voyager. En juillet, il va dans une (1) *colonie de vacances* à la montagne ou à la mer. Il rencontre des amis et ensemble ils pratiquent des sports, suivent des cours de langues et révisent pour la rentrée. En août, ses parents louent un (2) _____ au bord de la mer ou réservent des chambres dans des (3) _____ ou dans des (4) _____ pour se reposer.

Cette année, le père de Medhi propose à sa famille d'aller en Bretagne et de réserver des (5) _____ ou un (6) _____ pour être en contact avec les habitants. Medhi voudrait faire du camping avec une (7) _____ ou en (8) _____, mais sa sœur n'est pas d'accord. En hiver, le père de Medhi loue un (9) _____ en bois à la montagne parce qu'il aime les sports d'hiver.

2 Associe les vacances aux dates.

1. **B** samedi 20 décembre - lundi 5 janvier
2. ☐ samedi 25 octobre - jeudi 6 novembre
3. ☐ samedi 7 février - lundi 23 février
4. ☐ samedi 4 avril - lundi 20 avril
5. ☐ jeudi 2 juillet - mercredi 2 septembre

A les vacances de la Toussaint
B les vacances de Noël
C les vacances d'été
D les vacances de printemps
E les vacances d'hiver

Les mots 4

3 Cherche les mots dans la grille et complète les phrases.

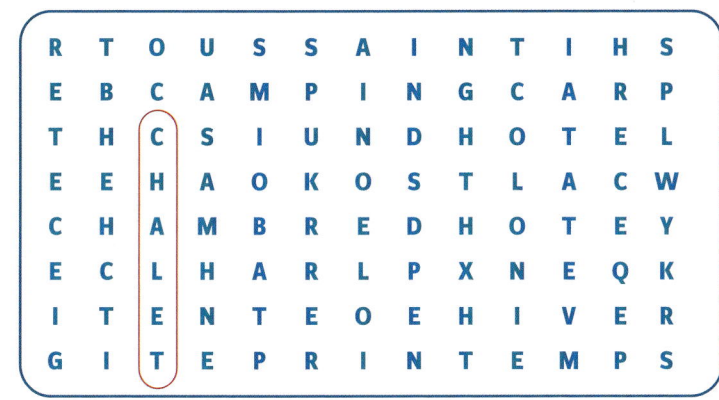

```
R T O U S S A I N T I H S
E B C A M P I N G C A R P
T H C S I U N D H O T E L
E E H A O K O S T L A C W
C H A M B R E D H O T E Y
E C L H A R L P X N E Q K
I T E N T E O E H I V E R
G I T E P R I N T E M P S
```

1. À la montagne, j'aime habiter dans une maison en bois : c'est un chalet.

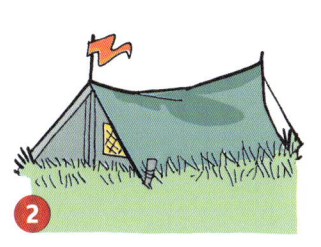

2. J'adore camper et j'ai acheté une _____.

3. Pour être en contact avec les habitants, mon père réserve une _____.

4. En vacances, ma mère aime se reposer. Elle préfère l'_____.

5. Pour voyager et visiter en même temps, le _____ est l'idéal.

6. Pour faire du sport et réviser, je vais dans une _____.

7. Au mois de novembre, il y a les vacances de la _____.

8. En avril, on se repose pendant les vacances de _____.

9. Pour skier, on part pendant les vacances d'_____.

10. En juillet, j'adore aller chez mes grands-parents pendant les vacances d'_____.

11. Du 20 décembre au 5 janvier, il y a les vacances de _____.

12. Quand je passe mes vacances à la campagne, je vais dans un _____ rural.

cinquante et un 51

4 Communication

Parler de ses projets

1 Écoute et répète.

- Cette année, je vais aller à la montagne !
- Au mois de février, je vais faire du ski.
- Je passe le mois de juillet chez des amis.
- Je pars demain pour la mer !
- Cet été, j'ai l'intention de faire de la planche à voile.
- Je pense aller en colonie de vacances.
- Pendant les vacances, je veux m'amuser.
- La semaine prochaine, je vais à Paris.

2 Observe ces photos et imagine tes projets futurs.

> Cet été, moi je vais aller chez mes grands-parents.

Situer des événements dans le temps

3 Écoute et répète.

- Aujourd'hui, on va au collège.
- Demain, on va jouer au basket.
- Maintenant, nous sommes en train de jouer.
- Il vient de partir pour les vacances.
- Il vient de louer un chalet.

4 Avec un copain. Regarde les dessins et imagine le dialogue.

> Qu'est-ce qu'on fait aujourd'hui ?
>
> Eh bien, le matin...

Exprimer la durée

5 Écoute et répète.

A Depuis quand tu fais du ski ?
B Depuis l'année dernière.

A Ça fait combien de temps que tu sors avec Julie ?
B Ça fait un an.

A Depuis combien de temps tu habites à Marseille ?
B Depuis 1 mois.
B Depuis que je travaille en France.

52 cinquante-deux

Communication 4

6 À deux. Regardez les images et imaginez les dialogues.

Depuis combien de temps tu habites à Paris ?

J'habite à Paris depuis un an.

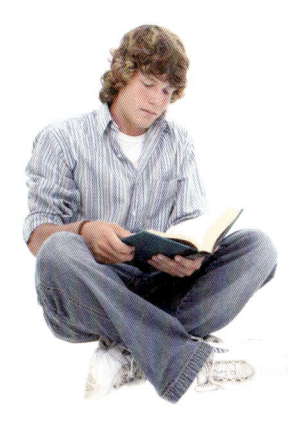

C'est ton tour !

7 Avec un copain ou une copine. Continuez le dialogue et jouez-le.

Quand est-ce que tu vas aller en…

Sons et lettres

Les sons [b] et [v]

1 Écoute et fais attention à la prononciation.

- portable • vent • rêve • robe
- ville • bureau • vous • boire • vrai
- voir • plomb • observer

■ Le son [b] correspond à deux graphies : au **b** de **bas** et de **robe** et au **bb** de **abbaye**.

■ Le son [v] a aussi deux graphies : **v** comme dans **vrai** et **avoir** et **w** comme dans **wagon**.

2 Écoute et coche le son que tu entends.

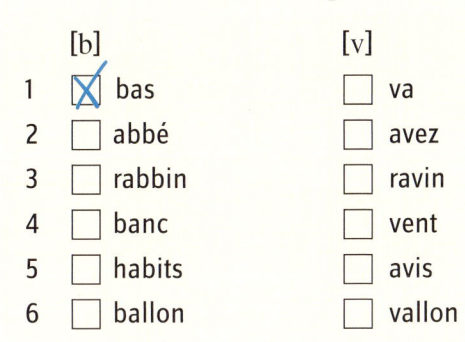

	[b]	[v]
1	☒ bas	☐ va
2	☐ abbé	☐ avez
3	☐ rabbin	☐ ravin
4	☐ banc	☐ vent
5	☐ habits	☐ avis
6	☐ ballon	☐ vallon

3 Relis plusieurs fois ces virelangues. Après, écoute et vérifie.

1. Les poules du couvent, couvent.
2. As-tu vu le ver vert vers le verre en verre vert ?
3. Le blé se moud-il ? L'habit se coud-il ? Oui, le blé se moud. Oui, l'habit se coud.

Tomber dans les vapes !

cinquante-trois 53

4 La grammaire ? Facile !

Le pronom *où*

- Le pronom relatif **où** remplace un complément de lieu ou de temps.
  *Le collège **où** nous étudions s'appelle Camille Vernet.*
  *Le jour **où** je vais à Issarbe.*

- **Où** complément de lieu peut être précédé par la préposition **d'** ou **par**.
  *Ils ne parlent pas italien, je ne sais pas **d'où** ils viennent.*
  *La rue **par** où tu passes pour venir chez moi est la rue Victor Hugo.*

1 Transforme les phrases en utilisant le pronom *où* selon le modèle.

1. J'habite dans la rue Paradis. La rue Paradis est la rue du collège.
   J'habite dans la rue où il y a le collège.

2. Je voudrais te faire visiter la bibliothèque. La bibliothèque a des livres intéressants.

3. Ma sœur se trouve en Angleterre. En Angleterre, elle étudie l'anglais.

4. Nous allons faire les courses dans le quartier. Il y a tous les commerçants dans ce quartier.

5. Il revient de Camargue. Il a passé toutes les vacances en Camargue.

6. Les enfants dorment dans une chambre. Il n'y a pas de bruit dans cette chambre.

Le présent continu et le passé récent

2 Relis le dialogue de la page 48 et complète les phrases.

Je _____ à Lucas, il nous invite à une méga-fête ! On est _____ _____ de préparer une surprise !

- Pour indiquer une action qui est en train de se passer, on emploie le présent continu. Il se forme avec **être en train de + infinitif** du verbe qui exprime l'action.
  *Je **suis en train d'écouter** de la musique.*

- Pour indiquer une action qui vient de se passer, on emploie le passé récent. Il se construit avec **venir de + infinitif** du verbe qui exprime l'action.
  *Je **viens de téléphoner** à Lucas.*

3 Transforme les phrases au présent continu.

1. Ils écoutent Théo jouer de la musique.
   Ils sont en train d'écouter Théo jouer de la musique.

2. Elle téléphone à son copain.

3. Nous faisons nos devoirs.

4. Je prépare ma valise pour les vacances.

5. Caroline organise un voyage.

6. Vous apprenez à jouer de la guitare.

La grammaire ? Facile ! 4

4 Utilise le passé récent pour décrire ce que viennent de faire ces personnes.

1 *Elle vient de faire les courses.*
2 _____ 
3 _____ 
4 _____ 
5 _____ 
6 _____ 

5 Tu pars en vacances. Utilise au moins 6 phrases pour dire ce que tu viens de faire, ce que tu es en train de faire et ce que tu vas faire.

> Je viens de préparer ma valise...

Le verbe *choisir*

6 Complète la conjugaison de *finir*.

Indicatif présent	
choisir	**finir**
Je choisis	Je finis
Tu choisis	Tu _____
Il/Elle choisit	Il/Elle _____
Nous choisissons	Nous _____
Vous choisissez	Vous _____
Ils/Elles choisissent	Ils/Elles _____

- Les verbes réguliers du deuxième groupe qui finissent en **-ir** comme **finir**, **grossir**, **obéir**, **grandir**, **réussir**, **agir**, **remplir**, **réfléchir** ... se conjuguent comme **choisir**.

7 Complète en conjugant les verbes proposés.

1 Caroline *choisit* (choisir) son cadeau.
2 Elles _____ (finir) leur repas de midi.
3 Les enfants _____ -ils (obéir) à leurs parents ?
4 Tu _____ (réussir) tes exercices de maths.
5 Vous _____ (réfléchir) toujours avant de parler.
6 Camille _____ (rougir) quand on parle avec elle.
7 Les enfants _____ (grandir) vite.
8 Il mange des gâteaux et il _____ (grossir).
9 Vous _____ (choisir) quel film, ce soir, à la télé ?
10 Nicolas _____ (agir) comme un adulte.

4 Mes savoir-faire

Écouter

1 Écoute et associe les enregistrements aux images.

A ☐   B ☐   C ☐   D ☐

Bonne idée !

Après avoir écouté une première fois l'enregistrement, observe bien les photos. Écoute de nouveau les dialogues et essaie de reconnaître les mots-clefs qui te permettront d'associer l'image au dialogue.

2 Choisis : V (vrai), F (faux) ou ? (on ne sait pas).

		V	F	?
1	Un garçon ne part pas, il doit travailler pour le contrôle.	☐	☐	☐
2	Caroline arrive à Paris.	☐	☐	☐
3	Elle arrive en train.	☐	☐	☐
4	Une fille va chez sa grand-mère.	☐	☐	☐
5	Elle aime se promener avec son chien.	☐	☐	☐
6	Les parents ont réservé dans un hôtel à la montagne.	☐	☐	☐

Écrire

3 Écris un mail à un ami pour lui parler de tes projets de vacances.

Mes savoir-faire 4

Parler

4 Regarde les photos et parle, avec un copain, de tes projets pour les vacances.

Lire

5 Regarde ce billet de train et réponds aux questions.

1. Combien de personnes voyagent ?
2. En quelle classe ?
3. Quelle est la gare de départ ?
4. Quelle est la destination finale ?
5. Dans quelle gare doit-on changer de train ?
6. Quelle est l'heure de départ ?
7. Quelle est l'heure d'arrivée ?
8. Quel est le prix du billet ?
9. Y a-t-il une place réservée ?
10. Il s'agit d'un billet aller-retour ?

Unité 5 — Défense d'entrer !

1 Écoute et lis.

Nabil Tu crois qu'on peut utiliser l'ordi de ta sœur ?

Théo Mais oui, ne t'inquiète pas. Elle est chez Patricia.

Nabil Elle est désordonnée ta sœur ! Il y a des feuilles partout !

Théo Je sais, … mais je te conseille de ne pas toucher à ses affaires.

Nabil Où est la souris ?

Théo Regarde derrière l'écran. Allez, allume l'ordi et l'imprimante. Tu n'as pas envie de lire tes mails ?

Nabil Si, mais il faut taper un mot de passe pour entrer.

Théo Ah, je le connais, c'est le prénom de son copain.

Nabil Et qui c'est ?

Théo Devine. N, a, b, i, l.

Nabil Mais, c'est moi !

Théo Maintenant, entre ton mot de passe pour lire tes mails et valide.

Nabil Attends, j'entre ma date de naissance et j'ouvre mes mails.

Théo Prends du papier pour imprimer. Moi, je surveille à la fenêtre. Elle arrive ! Vite, rangeons ses affaires et éteignons l'ordi.

Caroline Encore dans ma chambre ! Sortez d'ici tout de suite !

Nabil Salut, Caroline…

Caroline Maman, les deux monstres sont dans ma chambre !

Théo Nabil, viens, il faut encore travailler pour demain.

DÉFENSE DE PRENDRE MON LECTEUR MP4

PROPRIÉTÉ PRIVÉE

2 Dis si les affirmations sont vraies (V) ou fausses (F).

		V	F
1	Caroline n'est pas à la maison.	☒	☐
2	Théo et Nabil sont dans la chambre de Théo.	☐	☐
3	Caroline adore quand Théo entre dans sa chambre.	☐	☐
4	Théo et Nabil veulent naviguer sur Internet.	☐	☐
5	Théo ne sait pas comment entrer dans l'ordinateur de sa sœur.	☐	☐
6	Nabil ouvre les mails et Théo regarde par la fenêtre.	☐	☐
7	Caroline arrive quand Théo est en train d'imprimer les mails.	☐	☐
8	Quand Caroline voit son frère et Nabil, elle est furieuse.	☐	☐

Dans cette unité, j'apprends :
- à demander et donner un conseil, à exprimer une obligation ou une interdiction, à demander ou donner des instructions ;
- l'ordinateur et Internet, les numéros ordinaux supérieur à *dixième* ;
- l'impératif et les pronoms COD, la réponse avec *si*, l'infinitif, le verbe impersonnel *falloir*, les verbes *croire*, *éteindre* et *interdire*.

5

NE JOUE PAS DE LA GUITARE DANS MA CHAMBRE

NE PRENDS PAS MES AFFAIRES

INTERDIT DE TOUCHER À MON ORDI !

NE PAS LIRE MES BD !

3 Relis le dialogue et réponds aux questions.

1 Où se trouve Caroline ?
   Caroline se trouve chez Patricia.
2 Où se trouve la souris ?
   _____
3 Quel est le mot de passe pour entrer dans l'ordinateur ?
   _____
4 Quel est le mot de passe pour lire les mails de Nabil ?
   _____
5 Comment Caroline appelle son frère et son copain ?
   _____
6 Quand Caroline arrive, qu'est-ce que vont faire Nabil et Théo dans la chambre de Théo ?
   _____

4 Relis le dialogue et complète les phrases.

1 Il faut allumer l'ordi et l'imprimante.
2 Il faut taper _____
3 Entrer _____
4 Ouvrir _____
5 Prendre _____
6 Éteindre _____

▶ **C'est ton tour !**

5 Tu aimes Internet ? Quand l'utilises-tu ? Que fais-tu ?

J'écris des mails.

cinquante-neuf **59**

5 Les mots

L'ordinateur et Internet

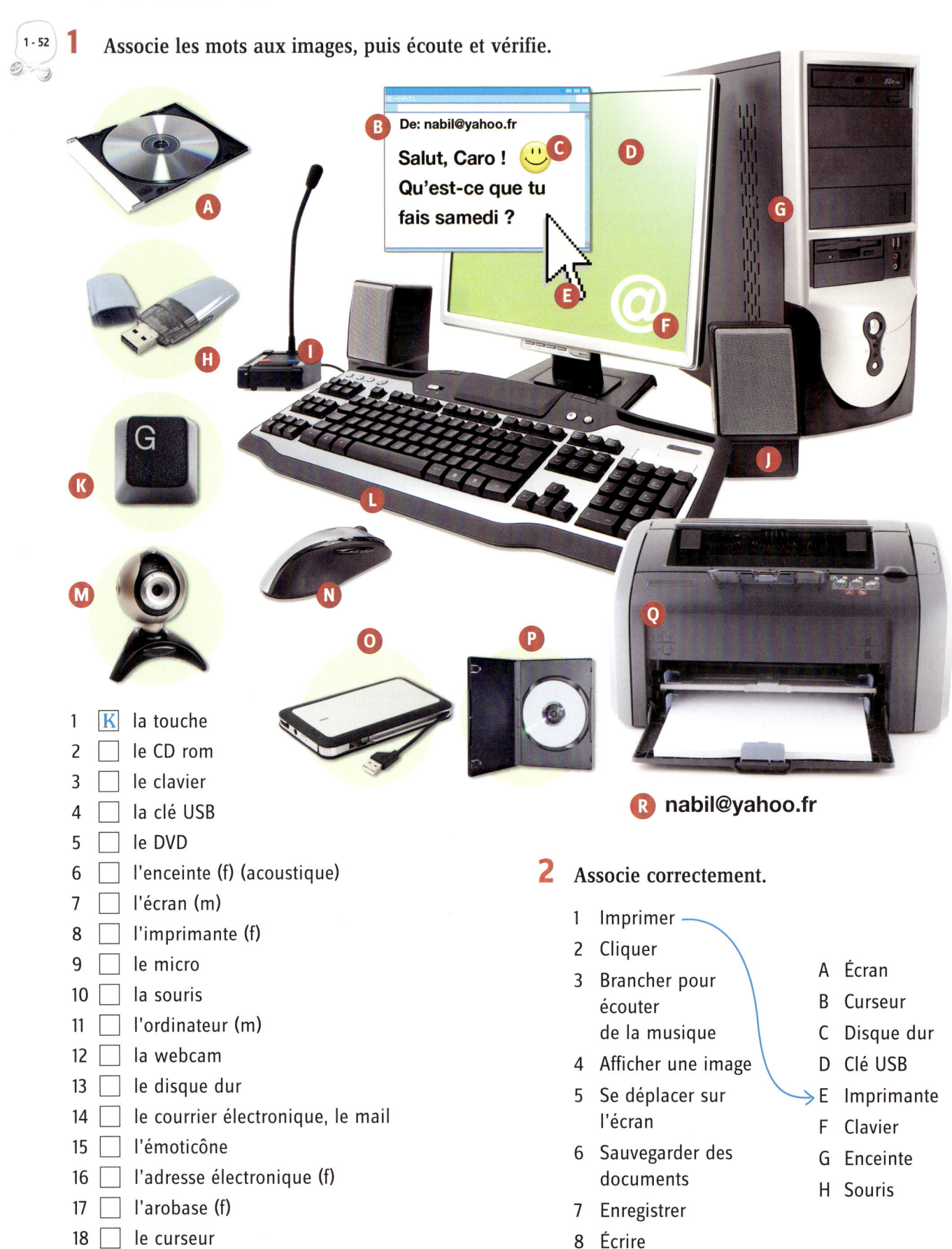

1 Associe les mots aux images, puis écoute et vérifie.

1 [K] la touche
2 [ ] le CD rom
3 [ ] le clavier
4 [ ] la clé USB
5 [ ] le DVD
6 [ ] l'enceinte (f) (acoustique)
7 [ ] l'écran (m)
8 [ ] l'imprimante (f)
9 [ ] le micro
10 [ ] la souris
11 [ ] l'ordinateur (m)
12 [ ] la webcam
13 [ ] le disque dur
14 [ ] le courrier électronique, le mail
15 [ ] l'émoticône
16 [ ] l'adresse électronique (f)
17 [ ] l'arobase (f)
18 [ ] le curseur

R nabil@yahoo.fr

2 Associe correctement.

1 Imprimer
2 Cliquer
3 Brancher pour écouter de la musique
4 Afficher une image
5 Se déplacer sur l'écran
6 Sauvegarder des documents
7 Enregistrer
8 Écrire

A Écran
B Curseur
C Disque dur
D Clé USB
E Imprimante
F Clavier
G Enceinte
H Souris

60 soixante

Les mots 5

Les ordinaux

3 Écoute et lis. *(1-53)*

11ᵉ	onzième
12ᵉ	douzième
17ᵉ	dix-septième
20ᵉ	vingtième
21ᵉ	vingt et unième
22ᵉ	vingt-deuxième
30ᵉ	trentième
40ᵉ	quarantième
70ᵉ	soixante-dixième
80ᵉ	quatre-vingtième
90ᵉ	quatre-vingt-dixième
100ᵉ	centième

4 Transforme les cardinaux en ordinaux.

1. treize — treizième
2. vingt-deux _____
3. quarante et un _____
4. soixante-dix-neuf _____
5. quatre-vingt-quatre _____
6. quatre-vingt-dix-neuf _____

Bon à savoir !

1/8 un huitième
Pour exprimer les fractions, on emploie les ordinaux sauf :
1/2 un demi
2/3 deux tiers
2/4 deux quarts

5 Écris en lettres.

A 1/3 un tiers
B 1/5 _____
C 1/2 _____
D 1/4 _____
E 3/4 _____
F 2/5 _____

Sons et lettres

Les sons [Ø] et [œ]

1 Écoute les mots et fais attention à la prononciation. *(1-54)*

• peut • sœur • feuilles • deux • œil • fleur • eux • Europe • meuble • veut • pleut • jeune

■ Le son [Ø] correspond aux graphies **eu** de **deux**, **œu** de **vœu** et **ueu** précédé du q et du g.

■ Le son [œ] ouvert correspond aux graphies **eu** de **peuple**, **œu** de **œuf**, **œ** de **œil** et **ue** de **cueille**.

2 Écoute et coche le son que tu entends. *(1-55)*

	1	2	3	4	5	6	7	8	9	10
[Ø]	☐	☐	☐	☐	☐	☐	☐	☐	☐	☐
[œ]	☒	☐	☐	☐	☐	☐	☐	☐	☐	☐

3 Dictée. *(1-56)*

Maman, à quelle heure on _____ ?
À _____ , on attend ma _____ .
Va _____ des _____ pour la table. Oui, maman ! Milou, tu viens ?
Oh, qu'est-ce que tu as sur ta _____ ?
Mais, c'est un _____ !

5 Communication

Demander et donner un conseil

1 Écoute, complète et répète.

_____ de ne pas toucher à ses affaires.

- A Qu'est-ce que tu me conseilles ?
- B Je te conseille de travailler !

- A Qu'est-ce qu'il doit faire ?
- B Il doit allumer l'ordinateur.

- A Qu'est-ce qu'il faut faire ?
- B Il faut répondre au message.

- A Peux-tu m'aider ?
- B Oui, d'accord !

2 Avec un copain. L'élève A demande des conseils. L'élève B répond.

Élève A

1 écrire un message en langue française

> Je dois écrire un message en français, qu'est-ce que tu me conseilles de réviser ?

2 ne pas oublier l'anniversaire de mon copain / ma copine
3 préparer ma valise
4 savoir quels ingrédients faut-il acheter pour préparer des crêpes
5 devenir professeur
6 se réveiller tôt pour aller faire une randonnée

Élève B

> Je te conseille de réviser la section communication et la grammaire.

Formuler l'obligation, l'interdiction

3 Écoute et répète.

- Il ne faut pas entrer.
- Il faut éteindre la web cam.
- Sortez d'ici !
- Ne touche pas à ça !
- Elle doit travailler !
- Je t'ordonne de sortir !
- Faites silence !

4 Regarde les dessins et imagine l'interdiction ou l'obligation.

1 Il ne faut pas téléphoner en classe.

2 _____

3 _____

4 _____

5 _____

6 _____

Communication 5

5 Regarde les dessins et formule l'interdiction.

> Il ne faut pas prendre de photos.

1. photos
2. fumer 
3. traverser 
4. toucher 
5. entrer 
6. tourner à gauche 
7. faire du bruit 
8. tourner à droite 

Demander et donner des instructions

6 Écoute et répète.

A Qu'est-ce qu'il faut faire ?
B Accéder au menu.

A Il faut appuyer sur la touche ?
B Appuie sur la touche pour confirmer.

A Qu'est-ce que je dois faire ?
B Sauvegarde les messages.

A Je dois éteindre ?
B Oui, déplace le curseur sur « fermer » et valide.

A Comment on fait ?
B Comme ça.

7 Qu'est-ce qu'il faut faire ?

> Il faut appuyer sur le bouton pour allumer l'ordinateur.

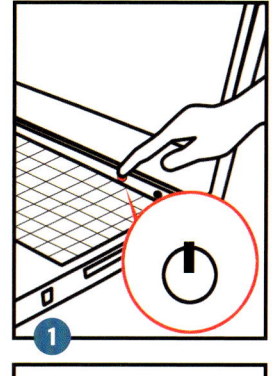

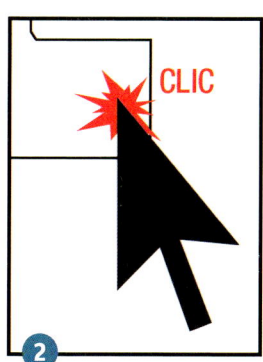

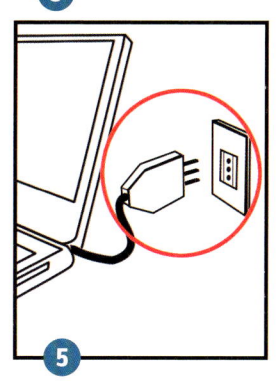

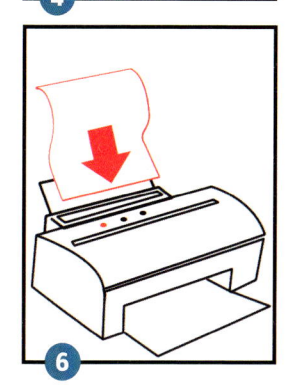

8 À deux. Donne des instructions à ton copain pour envoyer des SMS.

C'est ton tour !

9 À deux. Dites ce qu'on ne peut pas faire en classe.

> On ne peut pas manger.

soixante-trois 63

5 La grammaire ? Facile !

L'impératif et les pronoms COD

■ Le pronom complément d'objet direct (COD) se place toujours avant le verbe sauf à l'impératif affirmatif. Dans ce cas, il se place après et est uni au verbe par un trait d'union. Dans les phrases à l'impératif négatif, les pronoms personnels complément se placent normalement avant le verbe.

*Tu **le** prends ?*
*Prends-**le** !*
*Ne **le** prends pas !*

1 Transforme les phrase à l'impératif négatif.

1. Regarde-la.
   Ne la regarde pas.
2. Payez-les.
   _____ .
3. Mets-le.
   _____ .
4. Aidez-nous.
   _____ .
5. Remercie-le.
   _____ .
6. Attendez-nous.
   _____ .
7. Envoie-la.
   _____ .
8. Aimez-les.
   _____ .

La réponse affirmative avec *si*

2 Relis le dialogue de la page 58 et complète.

Tu n'as pas envie de lire les mails ?
_____ , mais il faut taper un mot de passe pour entrer.

■ La réponse affirmative à une question négative s'exprime avec un **si** à la place du **oui**.
Tu ne viens pas au collège ?
***Si**, je viens.*

3 Réponds aux questions de façon affirmative.

1. Tu n'as pas de livres à lire ?
   Si, j'ai des livres à lire.
2. Est-ce que vous aimez les fraises ?
   _____
3. Caroline et Théo, vous venez ?
   _____
4. Vous ne mangez pas de croissants le matin ?
   _____
5. Elle n'a pas d'amis ?
   _____
6. Est-ce que vous sortez le soir ?
   _____

L'infinitif

■ L'infinitif peut s'employer pour donner des ordres ou des instructions.
Allumer l'ordinateur, taper le code...

■ La forme négative de l'infinitif se fait en mettant **ne pas** avant le verbe.
*Je te conseille de **ne pas** toucher.*

4 Écris un mot pour te souvenir de ce que tu dois faire en sortant de l'école : une heure de gym, les devoirs, la douche, téléphoner à ta grand-mère, le dîner et pas de télé !

Aller à la gym

La grammaire ? Facile ! 5

5 Transforme ces phrases à l'infinitif négatif.

1. Aller à la patinoire.
   Ne pas aller à la patinoire.
2. Manger au restaurant.
3. Faire ses devoirs.
4. Se promener dans le parc.
5. Allumer le lecteur CD.
6. Écrire un mail à Patricia.

Le verbe impersonnel *falloir*

- **Falloir** est un verbe impersonnel qui peut être suivi d'un infinitif. Il s'emploie uniquement à la troisième personne du singulier.
  Il faut *partir tôt.*
- La forme négative est régulière.
  Il ne faut pas *se coucher tard.*

6 Utilise le verbe *falloir* (*il faut / il ne faut pas*) pour donner au moins 6 conseils.

1. *Il faut écouter avant de parler.*
2.
3.
4.
5.
6.

Les verbes *croire* et *éteindre*

Indicatif présent

croire	éteindre
Je crois	J'éteins
Tu crois	Tu éteins
Il/Elle croit	Il/Elle éteint
Nous croyons	Nous éteignons
Vous croyez	Vous éteignez
Ils/Elles croient	Ils/Elles éteignent

- Le verbe **peindre** se conjugue comme **éteindre**.

Le verbe *interdire*

J'interdis
Tu interdis
Il/Elle interdit
Nous interdisons
Vous interdisez
Ils/Elles interdisent

- Les verbes **traduire**, **conduire** et **contredire** se conjuguent comme le verbe **interdire**.

7 Complète ces phrases.

1. J'*interdis* (interdire) à ton frère de sortir.
2. Avant de partir, nous _____ (éteindre) le feu.
3. Ils ne te _____ (croire) pas.
4. Vous _____ (dire) la vérité.
5. Elle _____ (peindre) un tableau.
6. Il _____ (éteindre) son portable dans le train.

soixante-cinq 65

5 Mes savoir-faire

Écouter

1 Tu vas entendre des phrases. Écris sous chaque image le numéro de la phrase correspondante.

A ☐   B ☐   C ☐   D ☐   E ☐   F ☐

Lire

2 Lis ce règlement.

Parcs Canada
www.pc.gc.ca

Règlement du Parc National du Canada Aulavik

Informations aux visiteurs

- Pour une expédition dans le parc, vous devez signaler votre arrivée et votre départ.
- Tous les déchets doivent être remportés.
- Les feux de camp sont interdits.
- Il est interdit de cueillir des fleurs et de déraciner des plantes.
- Il est interdit de déranger les animaux sauvages.
- Il est interdit de chasser les animaux.
- Vous devez vous munir d'un permis pour pêcher dans le parc.

3 Coche la bonne réponse V (vrai), F (faux), ? (on ne sait pas).

	V	F	?
1 Je peux entrer dans le parc de Aulavik et sortir sans le signaler.	☐	☐	☐
2 Je peux faire une expédition dans le parc seulement le matin.	☐	☐	☐
3 Je dois remporter les déchets.	☐	☐	☐
4 Je peux allumer un feu.	☐	☐	☐
5 Je peux cueillir des fleurs.	☐	☐	☐
6 Je peux photographier les animaux avec un portable.	☐	☐	☐
7 Je peux admirer des habitations anciennes en pierre.	☐	☐	☐
8 Je peux visiter le parc sans payer.	☐	☐	☐

Mes savoir-faire 5

4 Qu'est-ce que tu ne peux pas utiliser librement à l'intérieur du parc ?

1 ☐   2 ☐   3 ☐   4 ☐   5 ☐

Écrire

5 Complète cette fiche d'entrée au Parc National du Canada Aulavik.

Nom : _____
Prénom : _____
Date de naissance : _____
Lieu de naissance : _____
Sexe : ☐ F ☐ M
Adresse : _____
Pays : _____
Adresse électronique : _____
Date de la visite : _____
Heure d'entrée : _____
Heure de sortie : _____
Motif de la visite : _____

Bonne idée !

Lors de l'examen du DELF, on te demandera aussi de compléter une fiche avec tes données personnelles. Entraîne-toi à la préparer ou invente-toi une identité.

Parler

6 Tu dois faire une excursion dans le Parc National du Canada Aulavik. Imagine un dialogue. L'élève A 🟢 pose des questions, l'élève B 🟣 répond.

- 🟢 Tu appelles un copain qui a déjà visité le parc.
- 🟣 Il te salue.
- 🟢 Tu lui dis que tu dois te rendre avec tes copains dans le parc naturel.
- 🟣 Il dit qu'il est allé au parc et qu'il vient de rentrer.
- 🟢 Tu lui demandes ce que tu peux emporter et ce que tu ne peux pas emporter.
- 🟣 Il te répond.
- 🟢 Tu lui demandes ce que tu peux faire et ce que tu ne peux pas faire.
- 🟣 Il te répond.
- 🟢 Tu lui dis que tu vas l'appeler à ton retour et tu le salues.
- 🟣 Il te salue.

soixante-sept 67

Unité 6 — On est allés au ciné

1 Écoute et lis.

Patricia   Alors, comment il va Nabil ?

Caroline   Pourquoi tu me demandes ça ?

Patricia   Tu es bien sortie avec lui hier après-midi !

Caroline   Comment tu le sais ?

Patricia   Ha ! … J'ai appelé et je suis tombée sur ton frère.

Caroline   Toujours le même ! On est allés au ciné, et alors ?

Patricia   Raconte !

Caroline   Je suis arrivée, il est arrivé, on a acheté les billets, on est entrés dans la salle, on a regardé le film, on a mangé du pop corn, on s'est levés, on est partis. Voilà !

Patricia   Tu es marrante, toi ! Qu'est-ce que vous avez vu ? Qu'est-ce que vous avez fait après ? À quelle heure tu es rentrée ? Quand est-ce que…

Caroline   Dis donc ! Tu n'es pas curieuse, toi ? On a vu un film de science-fiction.

Patricia   Et tu as aimé ?

Caroline   Moyen… j'ai trouvé ça ennuyeux. Je préfère les films d'action et les policiers.

Patricia   Moi aussi. Et les films d'horreur… J'adore !

Caroline   Pas moi, c'est nul ! Bon, tu as terminé ton interrogatoire ?

Patricia   Euh ! … C'est quand votre prochain rendez-vous ?

Caroline   Mercredi, on va à un concert rock.

Patricia   Super ! Et qu'est-ce que… ?

Le portable de Caroline sonne.

Caroline   Désolée, le téléphone. C'est Nabil !

Patricia   Oooh ! Comme par hasard !

2 Dis si les affirmations sont vraies (V) ou fausses (F).

		V	F
1	Caroline parle avec Patricia.	☒	☐
2	Patricia a appelé chez Caroline.	☐	☐
3	Hier après-midi, Caroline est allée au collège.	☐	☐
4	Elle est sortie avec une copine.	☐	☐
5	Elle a mangé du pop corn.	☐	☐
6	Elle a vu un film de science-fiction.	☐	☐
7	Caroline aime les films d'horreur.	☐	☐
8	Caroline interroge Patricia.	☐	☐
9	Mercredi, Caroline va à l'opéra.	☐	☐
10	Nabil appelle Caroline au téléphone.	☐	☐

Dans cette unité, j'apprends :
- à raconter un événement au passé, à exprimer l'intérêt ou la déception ;
- le cinéma et les spectacles, la presse et la télévision ;
- le participe passé, le passé composé avec *avoir* et *être*, les connecteurs temporels, les pronoms personnels toniques.

6

3 Maintenant, corrige les affirmations fausses.

Caroline est allée au cinéma.

_____ .
_____ .
_____ .
_____ .
_____ .

4 Relis le dialogue. Quelles sont les actions faites par Caroline au cinéma ?

1 Je suis arrivée.
2 _____ .
3 _____ .
4 _____ .
5 _____ .
6 _____ .
7 _____ .
8 _____ .

▶ **C'est ton tour !**

5 Et toi ? Réponds aux questions.

1 Quand vas-tu au ciné ? Je vais …
2 Avec qui ?
3 Quel est le titre du dernier film que tu as vu ?

soixante-neuf **69**

6 Les mots

Le cinéma et les spectacles

1 Associe le terme au dessin. Écoute et vérifie.

1 ☐ l'affiche   3 ☐ le billet   5 ☐ le grand écran
2 ☐ la caisse   4 ☐ la salle   6 ☐ le spectateur

2 Complète le texte. Écoute et vérifie.

• interprètes • réalisateur • action • prix • roman • musique • film • comédie dramatique

Aujourd'hui, j'ai vu un **film** à la télé, *Ensemble, c'est tout*, l'adaptation du _____ de Anne Gavalda. Les _____ principaux sont Laurent Stocker, Françoise Bertin, Guillaume Canet, Audrey Tautou. L'_____ se déroule à Paris où trois jeunes, Camille, Franck et Philibert, habitent dans un appartement. La grand-mère de Franck va habiter avec eux et partage leur vie.
Le _____ est Claude Berri et la _____ est de Frédéric Botton. Le film, une _____ , est sorti en mars. Claude Berri mérite bien un _____ .

70 soixante-dix

Les mots 6

3 Associe le genre à sa définition. Écoute et vérifie.

A Film d'horreur
B Film policier
C Dessins animés
D Film d'amour
E Film de science-fiction
F Music-hall
G Film historique
H Film dramatique

1. [F] Il y a de la musique et des chansons.
2. [ ] On ne doit pas le regarder seul, il est terrifiant.
3. [ ] Les personnages sont souvent des policiers.
4. [ ] On voyage dans l'histoire.
5. [ ] On parle de sentiments.
6. [ ] Les personnages sont les héros de la BD.
7. [ ] On peut voyager dans l'espace.
8. [ ] Les personnages vivent des situations difficiles.

La presse et la télé

4 Écoute et complète le texte.

LE FIGARO
Le quotidien

L'hebdomadaire   Le magazine

- quotidien • météo • jeux • télé
- reportages • informations • magazine
- séries TV • variétés • hebdomadaire
- magazines d'actualités

Mon père aime la presse. Il achète un quotidien tous les jours, un _____ et un _____ pour ma mère, une fois par semaine. En famille, nous regardons aussi la _____ . On aime regarder les _____ de notre région, la _____ et les _____ .
Ma mère et ma sœur aiment les _____ et les _____ . Moi, les _____ et les _____ .

6 Communication

Raconter un événement passé (1)

1 Écoute et répète. *(2-6)*

- A Qu'est-ce que tu as fait ?
  - B D'abord, j'ai regardé la télé.
  - B Après, je suis allée me coucher.

- A Qu'est-ce que vous avez fait ?
  - B Samedi soir, on est sortis.
  - B Nous avons joué à l'ordinateur.

2 À deux. Raconte à ton copain ce que tu as fait hier.

> Hier, je...

3 Qu'est-ce qu'ils font et qu'est-ce qu'ils ont fait ? Imagine.

> Ils sont à la terrasse d'un café, ils...

Exprimer son intérêt

4 Écoute et répète. *(2-7)*

- Je veux le voir !
- Je suis tenté.
- J'adore !
- Elle s'intéresse à...
- Ça m'intéresse de voir le film.
- Je trouve ce quotidien intéressant.
- Je suis curieux.

5 À deux. Un copain vient de voir un film. Tu lui poses des questions pour exprimer ton intérêt.

> Tu es allée voir le dernier...

Exprimer sa déception

6 Écoute et répète. *(2-8)*

Moyen... j'ai trouvé ça ennuyeux.
Ce film ne m'intéresse pas !
Je n'ai pas aimé.
Quelle déception !
C'est nul !
Dommage !
Je ne suis pas du tout content !
Je l'ai trouvé décevant !
J'ai détesté !
Je suis déçu.

Communication 6

7 Regarde les images. Tu es rentré(e) de tes vacances. Exprime ta déception à un ami.

Je suis rentré hier de mes vacances...

C'est ton tour !

8 Imagine que tu as 40 ans. Raconte à tes enfants tes années au collège.

Sons et lettres

Les sons [e] et [ɛ]

1 Écoute et fais attention à la prononciation.

- été • après • parler • peine • vrai
- prendrai • air • mère • allé • pleine

- Le son [e] fermé correspond à la graphie **é** de **été**, à la graphie **e + r**, **z**, **d** dans la fin de mots comme **parler**, **nez**, **pied**. La conjonction **et** a le même son, ainsi que la diphtongue **-ai** dans la désinence des verbes **j'ai** et **je serai**.
- Le son [ɛ] ouvert correspond aux graphies **e** avec l'accent tonique de **cadet**, **è** de **après**, **ê** de **fête**, **ai** de **aide**, **aî** de **connaît**, **ei** de **soleil**.

2 Écoute et coche le son que tu entends.

	1	2	3	4	5	6	7	8	9	10
[e]	✗	☐	☐	☐	☐	☐	☐	☐	☐	☐
[ɛ]	☐	☐	☐	☐	☐	☐	☐	☐	☐	☐

Faire son cinéma !

3 Dictée.

Hier soir, j'_____ à un concert.
J'_____ mal à la _____,
à la gorge et j'_____ de la
_____. Non, je ne veux pas de
_____ chaud, mais je
_____ prendre une aspirine.
Je n'_____ pas pour demain
car je suis le _____ de ma
classe et je _____ quand
_____ avoir une bonne note.

soixante-treize **73**

6 La grammaire ? Facile !

Le participe passé

Infinitif	Participe passé
parler	parl -**é**
aller	all -**é**
entendre	entend -**u**
vendre	vend -**u**
écrire	écr -**it**
choisir	chois -**i**
sentir	sent -**i**
pouvoir	p -**u**
croire	cr -**u**

- Le participe passé des verbes se forme avec la racine du verbe à l'infinitif + une désinence.
  - infinitif en -**er** ⇨ désinence **é**
  - infinitif en -**ir** ⇨ désinence **i**
  - infinitif en -**oir** / -**re** ⇨ désinence **u**
- Exceptions :
  - avoir ⇨ **eu**
  - être ⇨ **été**
  - mettre ⇨ **mis**
  - venir ⇨ **venu**
  - comprendre ⇨ **compris**
  - prendre ⇨ **pris**
  - vendre ⇨ **vendu**

  ⇨ *Voir : Tableau des conjugaisons.*

1 Associe les infinitifs et les participes passés.

1	traduire		A	sorti
2	dormir		B	dû
3	pouvoir		C	traduit
4	manger		D	fait
5	dire		E	dormi
6	savoir		F	venu
7	sortir		G	su
8	venir		H	dit
9	devoir		I	mangé
10	faire		J	pu

Le passé composé

- Le passé composé exprime un fait qui s'est passé il n'y a pas longtemps ou à un moment précis du passé.
- Il se construit avec le présent de l'auxiliaire **avoir** ou **être** + le **participe passé**.

  *Nous **avons regardé** le film.*
  *J'**ai mangé** de bonnes pommes.*

- Le participe passé du verbe **être** se forme avec l'auxiliaire **avoir** et reste invariable.

  *J'**ai été** en France.*
  *Nous **avons été** en Suisse.*

- Avec les verbes de mouvement comme **sortir**, **aller**, **venir**, **partir**, avec les verbes qui indiquent un changement d'état comme **devenir**, **naître** et avec les verbes pronominaux, on emploie l'auxiliaire **être**.

  *Théo **est parti** hier.*
  Ils ne sont pas venus au dîner.

- Le participe passé conjugué avec l'auxiliaire **être** s'accorde en genre et en nombre.

  *Lucas et Théo sont allé**s** au cinéma, leurs copines sont allé**es** nager.*
  Je me suis couchée tard.

Bon à savoir !

Dans le cas où **on** a le sens de **nous**, le verbe s'accorde en genre et en nombre.
On est venus chez vous.

74 soixante-quatorze

La grammaire ? Facile ! — 6

2 Conjugue les verbes au passé composé.

1. Hier soir, elle **a lu** (lire) un roman.
2. Samedi, nous _____ (sortir) à 20h.
3. Lucie _____ (arriver) en retard.
4. Vous _____ (dormir) toute la matinée.
5. Il _____ (neiger) le mois dernier.
6. Lundi, ils _____ (se lever) à 6h.

Les connecteurs temporels

après	depuis (que)	puis
au début	dès (que)	quand
auparavant	en même temps	soudain
avant	hier	souvent
avant-hier		

- Les connecteurs temporels servent à situer des faits dans le temps et à mettre les événements les uns en rapport avec les autres.

3 Complète avec ces connecteurs temporels.

- après • dès • avant • depuis que • avant-hier • quand

1. Il est monté **quand** il a entendu le téléphone sonner.
2. Appelle-moi _____ que tu arrives.
3. Elle doit t'appeler _____ la fin de la journée.
4. _____ elle est partie, nous l'avons vue une fois.
5. Nous sommes venus chez toi _____.
6. Ils ont mangé _____ 14 heures.

Les pronoms personnels toniques

| moi | lui/elle | vous |
| toi | nous | eux/elles |

Ces pronoms s'emploient :
- quand un seul verbe est précédé par plusieurs sujets.
  Toi et **moi**, nous allons au collège.
- Dans les expressions **moi aussi**, **nous aussi**, **moi non plus**, **toi non plus**.
  Moi aussi, je parle français.
  Nous non plus, nous ne comprenons pas le chinois.
- après **ce** suivi du verbe **être**.
  Qui est-ce ? C'est **moi** !
- avec les prépositions **avec**, **pour**, **chez**.
  Tu viens avec **moi** chez **lui** ?

4 Regarde les dessins et complète avec les pronoms toniques.

1. Il a fait ce gâteau pour **eux**.
2. Je n'aime pas les devoirs. _____ non plus. 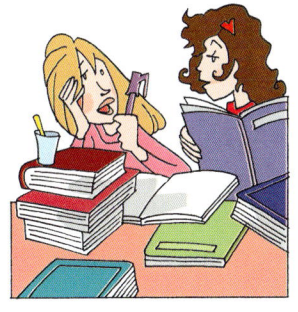
3. _____ aussi, ils viennent au collège à vélo. 
4. Marion, c'est _____ _____ ?

6 Mes savoir-faire

Écouter

1 Tu vas entendre des phrases. Écris sous chaque image le numéro de la phrase correspondante.

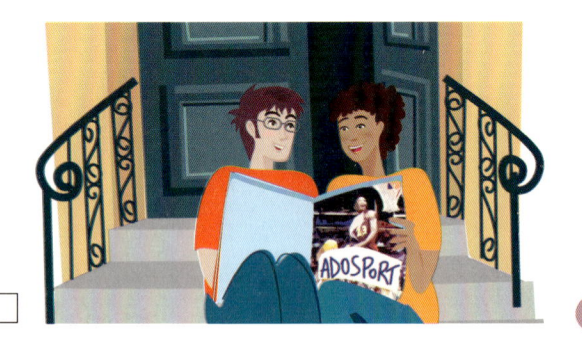

A ☐   B ☐   C ☐   D ☐

Parler

2 Fais la biographie de Tom Cruise.

3 juillet 1962 : naissance à Syracuse dans l'État de New York

Taille : 1m 72

1965 : naissance de sa sœur Cass

1967 : déménagement à Ottawa (Canada)

1976 : entrée au séminaire St. Francis près de Cincinnati

1980 : premier rôle dans la comédie musicale *Godspell* et participation au film *Un amour infini* avec Brooke Shields

1985 : tournage de *Top Gun*

1987 : mariage avec Mimi Rogers

1988 : tournage de *Rain Man*

1989 : tournage de *Né un quatre juillet*

Couleur des yeux : bleu-vert

Sports pratiqués au lycée : lutte, hockey, tennis, football américain, baseball

Bonne idée !

Pour présenter quelqu'un, procure-toi une biographie, un arbre généalogique, des photos, enfin tout ce qui peut t'être utile pour faire ton exposé. Emploi le présent et le passé composé.

Mes savoir-faire 6

Lire

3 Lis cet article et réponds aux questions.

Du **cinéma** à **Internet** en passant par la **télévision**

La naissance du cinéma date du 21 septembre 1895 quand les Frères Lumière font, dans une salle de l'Eden de La Ciotat, une première projection publique. Ils proposent leur invention aux parisiens avec succès. Des représentations se suivent à Lyon, à Bruxelles et encore à La Ciotat. Leur premier film est intitulé *La sortie de l'usine Lumière* à Lyon. C'est en 1950 que le cinéma perd son pouvoir sur les spectateurs car la télévision fait son apparition. Les spectateurs quittent les salles pour s'installer dans les fauteuils de leurs salons et la télévision s'impose avec ses émissions et ses publicités dans toutes les maisons. Aujourd'hui, c'est une forme de divertissement, un moyen de communication, un vecteur d'information. Mais, de plus en plus de spectateurs complètent les informations fournies par la télé grâce aux moteurs de recherche.

Et vous, associez-vous la télé à Internet ?

1. Quand est-ce que le cinéma est né ?

2. Qui l'a inventé ?

3. Où a eu lieu la première projection ?

4. Où ont eu lieu les autres projections ?

5. Quel est le titre du premier film ?

6. Quand est-ce que la télévision fait son apparition ?

7. Qu'est-ce que c'est, aujourd'hui, la télévision ?

8. Comment les spectateurs complètent-ils les informations de la télévision ?

Écrire

4 Tu as passé une belle journée avec des copains. Vous vous êtes promenés, vous êtes allés au cinéma... . Écris un mail à un copain pour lui raconter cette belle journée.

soixante-dix-sept 77

6 Regards sur...

La France d'outre-mer

La France d'outre-mer, c'est l'ensemble des terres françaises situées hors métropole. Ces territoires sont d'anciennes colonies françaises. Il y a les **DOM-ROM**, les **COM**, la **Nouvelle-Calédonie** et les **TAAF**.

Les DOM-ROM

L'acronyme DOM-ROM signifie **Département d'outre-mer - Régions d'outre-mer**.
Le département est une division administrative de la France. On compte 100 départements dont quatre d'outre-mer. Les DOM-ROM font partie de l'Union européenne.
La **Guadeloupe** et la **Martinique** appartiennent à l'archipel des Antilles dans la mer des Caraïbes. Le tourisme est très développé grâce aux plages, à la nature luxuriante et à la musique.
La **Guyane** est le plus grand département français et aussi le plus boisé : 95% du territoire est recouvert par la forêt. La flore est exubérante et on compte plus de 400 000 insectes ! C'est en Guyane que se trouve la base de lancement de la fusée Ariane à Kourou.
La **Réunion** est une île volcanique située dans l'océan Indien. **Mayotte** est une île de l'océan Indien. C'est le DOM le plus récent (depuis le 29 mars 2009 par référendum). Avant, Mayotte était une COM.

1 Vrai ou faux ?

	V	F
1 Les DOM-ROM sont les départements et les régions d'outre-mer.	☒	☐
2 Les DOM-ROM n'appartiennent pas à l'Europe.	☐	☐
3 Les COM sont les collections d'outre-mer.	☐	☐
4 La Polynésie française est un pays d'outre-mer.	☐	☐
5 Tahiti se trouve en Polynésie française.	☐	☐
6 Les TAAF n'ont pas d'administration propre.	☐	☐

2 Réponds aux questions.

1 Où se trouvent la Guadeloupe et la Martinique ?
_____

2 Pourquoi la Guyane est-elle connue ?
_____

3 Quelle est la caractéristique de l'île de la Réunion ?
_____

4 Citez deux autres îles françaises des Caraïbes.
_____

5 Où se trouve la Nouvelle-Calédonie ?
_____

6 Que protègent les TAAF ?
_____

Regards sur... 6

Les COM

Ce sont les **Collectivités d'outre-mer** : elles ont un gouvernement local. La **Polynésie française** a la dénomination particulière de pays d'outre-mer. On peut faire du surf et de la plongée. Tahiti est surnommée « L'île vanille » en raison de la précieuse orchidée qui donne l'épice vanille. **Saint-Pierre-et-Miquelon** se trouve au large du Canada. **Wallis-et-Futuna** se situe dans le Pacifique. **Saint-Martin** et **Saint-Barthélemy** sont deux autres îles des Caraïbes.

La Nouvelle-Calédonie

La **Nouvelle-Calédonie** appartient à l'archipel d'Océanie. Ses lagons sont classés au patrimoine mondial de l'Unesco.

Les TAAF

Les **Terres Australes et Antarctiques Françaises** disposent d'une administration propre. Ce sont des terres inhabitées. Le manchot empereur, le grand albatros, le manchot royal, l'éléphant de mer, l'otarie d'Amsterdam sont les principaux habitants. Les TAAF ont créé en octobre 2006 une réserve naturelle d'une superficie de 700 000 hectares dans les îles subantarctiques. C'est la plus grande réserve de France.
L'île Clipperton fait partie des propriétés domaniales de l'État.
Ce sont des propriétés privées de l'État français.

▶ À toi !

3 Les photos des îles lointaines font rêver. Fais une recherche sur un de ces lieux et complète la fiche.

Île _____
Situation géographique _____
_____
Ville principale _____
Lieux à visiter _____
_____
Gastronomie _____
Traditions _____

Unités 4-6 Je fais le point 2

1 Voici les anagrammes de certains mots. Peux-tu les retrouver ?

1. GAMANEZI : _____
2. EBHDMODEAIAR : _____
3. IENQUODTI : _____
4. STINRFMOOAIN : _____
5. LÉTÉ : _____
6. SEPRES : _____
7. DRATIMAQUE : _____
8. NARJOUL : _____
9. MILF : _____
10. NÉMACI : _____

Points ____ 10

2 Transforme ces phrases au présent continu.

1. Je regarde la télé.
2. Il choisit les boissons à apporter.
3. J'appelle mon père.
4. Tu travailles avec des amis.
5. Nous faisons l'exercice.
6. Ils jouent au ballon.

Points ____ 6

3 Transforme les phrases de l'exercice 2 au passé récent.

1. _____
2. _____
3. _____
4. _____
5. _____
6. _____

Points ____ 6

4 Transforme ces phrases à l'impératif affirmatif (+) ou négatif (-).

1. Tu la manges. (+)
2. Vous nous regardez. (-)
3. Vous les cherchez. (+)
4. Nous les prenons. (-)
5. Tu l'appelles. (+)
6. Tu nous parles. (-)

Points ____ 6

5 Réponds de manière affirmative.

1. Il ne fait pas froid dans ta ville en hiver ?
   _____ , il fait très froid.
2. Tu viens avec nous au cinéma ?
   _____ bien sûr !
3. Vous ne prenez pas le bus ?
   _____ , nous prenons le bus.
4. Tu ne veux pas jouer à l'ordinateur ?
   _____ , je vais jouer.
5. Tu travailles dans une bibliothèque ?
   _____ , en centre ville.
6. Tu n'achètes pas ce pantalon et ce pull.
   _____ , je les achète.

Points ____ 6

Je fais le point 2

6 Complète avec les verbes au présent.

> • choisir • croire • éteindre • interdire
> • traduire • finir • obéir • réussir

1. Je _____ mon cadeau d'anniversaire.
2. Nous _____ au professeur.
3. Il _____ son examen.
4. Vous _____ avoir vu des amis.
5. Il _____ la télé avant d'aller dormir.
6. J'_____ à ma copine d'acheter des bonbons.
7. Il _____ un texte en français.
8. Tu _____ de manger avant 13 heures.

Points _____ 8

7 Conjugue les verbes au passé composé.

1. Anne _____ (prendre) une baguette.
2. Elle _____ (rentrer) avant sa sœur.
3. Nous _____ (naître) en 1991.
4. Vous _____ (aller) en France.
5. Ils _____ (être) au Maroc.
6. Tu _____ (avoir) une bonne note.
7. Il _____ (aller) au parc Astérix.
8. Elles _____ (chanter) une belle chanson.

Points _____ 8

Après avoir fait les exercices, calcule tes points. Vérifie avec ton professeur !

Total des points _____ / 50

Pour aller plus loin... à l'écrit

8 Tu as passé des vacances à New York. Tu rentres chez toi et tu envoies un message à un ami pour lui dire ce que tu as fait.

_____
_____
_____
_____

La statue de la Liberté.

Le pont de Brooklyn.

Le "MET" (Metropolitan Museum).

Chinatown.

quatre-vingt-un **81**

Unité 7 — Au cours de gym

2-13

1 Écoute et lis.

Patricia Allez, les garçons ! Arrêtez de bavarder. Le prof nous attend...

Nabil Ça va être dur, aujourd'hui ! Les muscles de mes jambes et de mes bras me font encore mal après l'entraînement d'hier. Et puis, j'ai mal aux dents. Ras le bol d'être obligé de s'entraîner, même quand on n'a pas de force !

Patricia Mets tes baskets et bois vite ton jus de fruits !

Lucas Moi, je suis très enrhumé depuis la balade d'hier sous la pluie. J'ai mauvaise mine et cette nuit, j'ai eu mal à la tête, et, de temps en temps, j'ai des frissons... Je ne suis pas bien.

Patricia Vous avez dit au prof que vous êtes malades ?

Nabil Oui, mais il répond qu'on a tout de même bonne mine...

Lucas Tiens, voilà Caroline, on la voit de loin parce qu'elle est grande, elle fait du volley, ça se voit. Rends-lui son CD avant d'oublier...

Le prof Vous êtes prêts ? On commence. Imaginez que je suis le prof de la Star'Ac ! Alors, souriez et suivez le rythme ! Un, deux, un, deux, ... plus vite ! Lucas ! Ton dos bien droit.

Lucas Mais monsieur, je vous l'ai dit, je ne suis pas en forme, je...

Nabil,
tu as encore mal aux dents ? Je te propose un truc de mamie. Descends dans la cuisine, fais chauffer dans une casserole 2 verres d'eau et 2 cuillères à soupe de vinaigre, une grosse cuillère à soupe de gros sel, fais bouillir et rince ta bouche avec ce breuvage sans l'avaler.
En tout cas, je prends rendez-vous chez le dentiste pour mercredi après-midi; il va t'examiner et nous faire une ordonnance pour des médicaments.
Maman

Bon à savoir !

(en avoir) ras le bol = en avoir assez
rincer = nettoyer avec de l'eau
breuvage = boisson
avaler = boire

Dans cette unité, j'apprends :
- à décrire des personnes, à demander et dire comment on se sent, à demander et donner des conseils ;
- le corps humain et la santé ;
- l'impératif et le passé composé avec les pronoms personnels complément d'objet indirect (COI) et complément d'objet direct (COD), les verbes *sourire*, *suivre*, *boire* et *rendre*.

7

2 Dis si les affirmations sont vraies (V) ou fausses (F).

		V	F
1	Patricia et ses copines bavardent.	☐	☒
2	Le prof est en train d'attendre les garçons et les filles.	☐	☐
3	Lucas a mal aux jambes.	☐	☐
4	Patricia met ses baskets.	☐	☐
5	Lucas s'est promené hier avec ses copains.	☐	☐
6	Le prof dit que les garçons sont malades.	☐	☐
7	Caroline fait du basket.	☐	☐
8	Lucas doit rendre un CD à Caroline.	☐	☐
9	Le prof dit à Lucas d'aller plus vite.	☐	☐
10	Lucas ne se tient pas droit.	☐	☐

3 Relis le petit mot et réponds.

1 Quel est le but de ce petit mot ?
Donner des conseils.

2 Qui est-ce qui écrit le petit mot ?
_____

3 À qui est-il adressé ?
_____

4 Où Nabil a-t-il mal ?
_____

5 Quel conseil lui donne-t-elle ?
_____

6 Où vont-ils le mercredi après-midi ?
_____

▶ C'est ton tour !

4 Et toi, tu te sens parfois comme Nabil ?

Où tu as mal ? À qui demandes-tu des conseils ?
Parfois, j'ai mal…

quatre-vingt-trois **83**

7 Les mots

Le corps humain

1 Regarde la statue et indique pour chaque lettre la partie du corps correspondante. Puis, écoute et complète le texte.

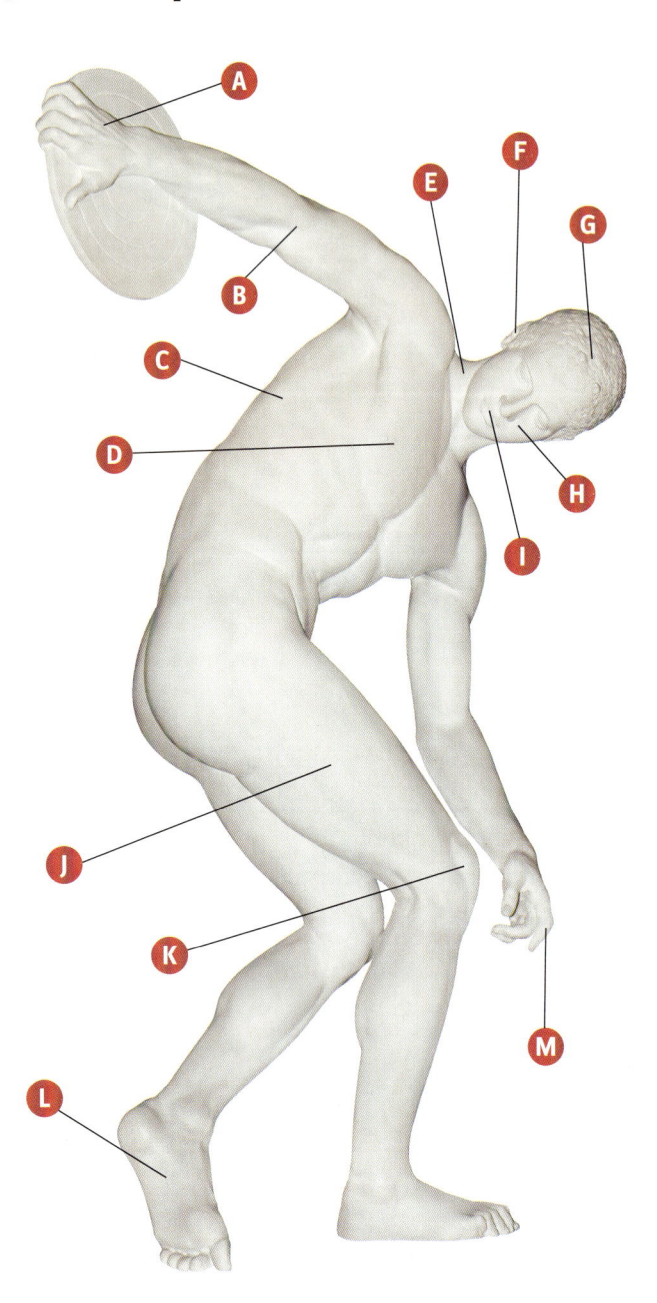

1 ☐ la tête   8 ☐ le doigt
2 ☐ la bouche   9 ☐ la poitrine
3 ☐ l'oreille   10 ☐ le dos
4 ☐ la pommette   11 ☐ la jambe
5 ☐ le cou   12 ☐ le genou
6 ☐ la main   13 ☐ le pied
7 ☐ le bras

L'une des plus célèbres sculptures de la Grèce classique est le Discobole. Cette statue, de taille humaine, mesure 1,56 mètre; elle représente un athlète en train de lancer le disque.
Les proportions de son corps sont presque réelles. Sa _____ est bien dessinée; les traits de son _____ sont caractérisés par un sourire et des _____ saillantes.
Les détails de sa musculature mettent en relief son _____ , son _____ , mais aussi sa _____ .
Il est en train de lancer le disque de son _____ droit, et son autre bras se trouve sur son _____ .
Ses _____ sont pliées pour pouvoir lancer loin et gagner la compétition. Il a l'air dynamique.

2 Choisis la partie du corps.

1 Écouter avec les oreilles / le nez.
2 Sentir avec le nez / les oreilles.
3 Toucher mots avec les yeux / les doigts.
4 Marcher avec les pieds / la tête
5 Mâcher avec la poitrine / les dents
6 Sourire avec la bouche / le bras

Prendre ses jambes à son cou.

Les mots 7

3 Écoute et souligne les mots exacts.

Mon copain Laurent est de grande / petite taille, il a le visage rond / carré et l'air mélancolique / drôle. Ses lèvres sont fines / grandes. Il est calme / énervé et gai / ne sourit jamais.

Ma copine Sabine est optimiste / méfiante, elle a le front haut / bas et le menton carré / rond. Son nez est fin / plutôt large. Ses oreilles sont fines / décollées.

La santé et les maladies

4 Associe les dessins aux maladies.

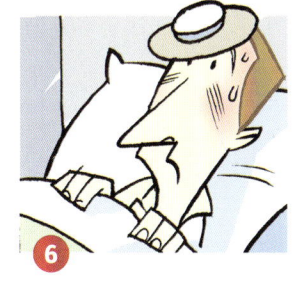

A ☐ avoir mal au ventre
B ☒ 1 avoir la grippe
C ☐ avoir de la fièvre
D ☐ avoir la bronchite
E ☐ avoir mal au genou
F ☐ avoir mal à la gorge

5 Complète le texte. Écoute et vérifie.

• mal à la gorge • rhume • ordonnance • fièvre • mal à la tête • angine • traitement • grippe • mal au ventre • otite • piqûre

Paul a des frissons, il ne se sent pas bien, il a attrapé un rhume. Il a _____, _____ : il a pris sa température et il a de la _____, une _____ et une _____.
Il consulte son médecin qui lui demande : As-tu aussi _____ ? Paul lui répond : Oui. Alors le docteur lui dit : Tu as la _____, je te conseille de rester au lit bien au chaud et de prendre une aspirine. Sinon il faut faire une _____. Il lui prépare une _____ avec un _____.

quatre-vingt-cinq **85**

7 Communication

Décrire des personnes

1 Écoute et répète.

- A Quelle est sa taille ?
- B Il est grand, il mesure 1,86 mètre.

- A Peux-tu le décrire ?
  - B Son visage est large.
  - B Ses oreilles sont décollées.
  - B Ses jambes sont longues.

2 À deux. Un(e) ami(e) a rencontré l'homme ou la femme de sa vie. Tu poses des questions et ton ami(e) répond.

> Il / Elle s'appelle comment ?

> Peux-tu le / la décrire ?

Demander et dire comment on se sent

3 Écoute et répète.

- A Qu'est-ce que tu as ?
  - B J'ai mal à la gorge.
  - B J'ai mal au dos.

- A Où est-ce que tu as mal ?
- B J'ai mal au ventre.

- A Tu vas bien ?
  - B Oui, je vais bien merci !
  - B Non, je vais mal.

- A Tu as bonne mine.
- B J'ai mauvaise mine.

4 Regarde et imagine ce qu'ils ont et ce qui leur est arrivé.

Il a mal…

5 À deux. Tu n'es pas allé en classe car tu es malade. Un copain appelle chez toi. Il te pose des questions.

> Allô Marc ? Tu vas bien ?

Demander et donner des conseils

6 Écoute et répète.

- A Qu'est-ce que je dois faire ?
  - B Va chez le médecin.
  - B Repose-toi !

- A Que me conseillez-vous ?
  - B Prenez des vitamines !
  - B Prenez des comprimés !
  - B Restez au lit !
  - B Il faut faire des piqûres !
  - B Voici l'ordonnance !
  - B Vous devez continuer votre traitement.

86 quatre-vingt-six

Communication 7

7 Complète, écoute et vérifie.

A Bonjour, Docteur.
B Bonjour, Madame Levron.
A Docteur, ma fille est malade !
B _____
A Elle a trente-neuf de fièvre, mal à la gorge et c'est peut-être une angine, ...
B _____
A Des comprimés ?
B _____
A Des comprimés toutes les six heures et pas de piqûres alors ?
B _____
A Merci Docteur ; en effet elle n'aime pas les piqûres, elle va rester au lit.
B _____
A À cet après-midi alors.

8 À deux. Joue le dialogue avec un copain. L'élève B, qui joue le rôle du médecin, ouvre le livre à la page 116.

A Une dame téléphone à son médecin.
Elle lui dit que sa sa fille est malade.
Elle dit au médecin ce qu'elle a : mal à la gorge, mal au ventre,...
Elle demande si sa fille doit prendre des médicaments.
Elle demande l'ordonnance.
La dame remercie le médecin et elle le salue.

C'est ton tour !

9 À deux. Tu as la grippe et tu ne peux pas aller à ton entraînement. Tu téléphones à ton moniteur. Tu décris ce que tu as et il te donne des conseils.

Sons et lettres

Le son [f]

1 Écoute et répète.

• Philippe • ficelle • facile • pharmacie
• foot • affaire • fleur • phalange • effet
• fille • physique • fer

■ Le son [f] correspond aux graphies **f** de **foot**, **ph** de **pharmacie** et **ff** de **effort**.

2 Écoute et complète les mots.

Neu**f**	____ils
Soi____	____rère
Télé____one	____rase
Bu____et	____emme
œu____	____oto

3 Écoute la comptine et répète.

Il était une fois,
Une marchande de foie,
Qui vendait du foie,
Dans la ville de Foix...
Elle se dit : Ma foi,
C'est la première fois
Et la dernière fois,
Que je vends du foie,
Dans la ville de Foix.

7 La grammaire ? Facile !

Les pronoms personnels COI

me	1re pers. sing.
te	2e pers. sing.
lui	3e pers. sing.
nous	1re pers. plur.
vous	2e pers. plur.
leur	3e pers. plur.

- Les pronoms personnels complément d'objet indirect (COI) remplacent un nom déjà exprimé et répondent à la question *À qui ? À quoi ?* Ils se placent avant le verbe auquel ils se rapportent, même dans les phrases négatives.
Je ne te parle pas au téléphone.

- Les pronoms **lui** et **leur** s'emploient aussi bien au masculin qu'au féminin. **Leur** est invariable.
Ils leur donnent des bonbons.

1 Complète les phrases avec les pronoms COI.

1 Je **lui** écris une lettre. (à Louise)
2 Nous _____ donnons l'argent. (à vous)
3 Elle _____ envoie un cadeau. (à moi et à mes parents)
4 Le professeur _____ parle. (à ces élèves)
5 Francine _____ téléphone souvent le soir. (à toi)
6 Ma mère _____ pose des questions. (à moi)

L'impératif, le passé composé et les pronoms personnels

- À l'impératif affirmatif, les pronoms personnels COD et COI se placent après le verbe avec un trait d'union.
Rends-lui son CD avant d'oublier.

(!) Attention, le pronom COI **me** devient **moi**.
Tu m'écoutes. Écoute-moi.

- À l'impératif négatif, au contraire, les pronoms se placent avant le verbe.
Ne le regarde pas !
Ne lui réponds pas !

- Dans les phrases au passé composé, les pronoms se placent avant l'auxiliaire. Lorsque le pronom est un COD et qu'il se trouve avant l'auxiliaire **avoir**, le participe passé s'accorde en genre et en nombre avec celui-ci.
Mais monsieur, je vous l'ai dit, je ne suis pas en forme.
Elle a écouté les élèves chanter. Elle les a écoutés.

2 Transforme à l'impératif affirmatif et négatif.

1 Tu lui parles.
   Parle-lui !
   Ne lui parle pas !
2 Nous l'attendons.
3 Tu dois te lever.
4 Vous le prenez.
5 Vous me parlez.
6 Je les range.

La grammaire ? Facile ! 7

3 Cherche dans la grille les pronoms COI.

L	N	O	U	S
U	M	E	X	O
I	B	K	T	E
A	L	E	U	R
V	O	U	S	P

4 Avec les pronoms trouvés écris des phrases.

1 Il lui parle au téléphone.
2 _____ .
3 _____ .
4 _____ .
5 _____ .
6 _____ .

5 Transforme avec les pronoms COD et COI.

1 Tu as compris le professeur.
   Tu l'as compris.
2 Elle n'a pas mangé les pommes.
   _____
3 Il a entendu l'histoire.
   _____
4 Nous avons fait les exercices.
   _____
5 Elle a écrit à ses amis.
   _____
6 Ils ont répondu aux parents.
   _____

Les verbes *boire* et *rendre*

Indicatif présent	
boire	**rendre**
Je bois	Je rends
Tu bois	Tu rends
Il/Elle boit	Il/Elle rend
Nous buvons	Nous rendons
Vous buvez	Vous rendez
Ils/Elles boivent	Ils/Elles rendent

Les verbes *suivre* et *sourire*

Indicatif présent	
suivre	**sourire**
Je suis	Je souris
Tu suis	Tu souris
Il/Elle suit	Il/Elle sourit
Nous suivons	Nous sourions
Vous suivez	Vous souriez
Ils/Elles suivent	Ils/Elles sourient

Le verbe **rire** se conjugue comme **sourire** et le verbe **poursuivre** se conjugue comme **suivre**.

6 Complète ces phrases avec les verbes.

• boire (2x) • rendre (2x) • sourire
• suivre (2x) • rire (2x) • poursuivre

1 Tu bois un jus de fruits avec moi ?
2 Louise _____ toujours.
3 Mon père _____ du café le matin.
4 Il _____ le manuel à sa copine.
5 Elles _____ avec leurs copines.
6 Vous _____ le cours de français.
7 Elles se _____ chez eux.
8 Nous _____ la lecture de ce livre.
9 Les policiers _____ leur enquête.
10 Je _____ jusqu'aux larmes en regardant le film.

7 Mes savoir-faire

Lire

1 Au secours ! Associe la situation aux gestes.

Situation

1. Lors d'une brûlure.
2. Douleur à la poitrine.
3. Blessé inconscient.
4. Face à une personne qui s'étouffe.
5. Le blessé saigne.
6. Le blessé a une plaie grave.

Gestes

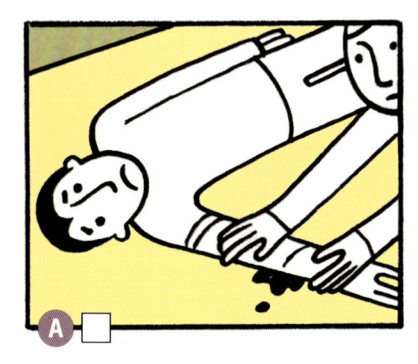

A ☐
Comprimer la plaie avec la paume de la main ; allonger le blessé ; en aucun cas ne donner à boire ou à manger au blessé.

B ☐
Arroser la brûlure avec de l'eau froide pendant 5 minutes.

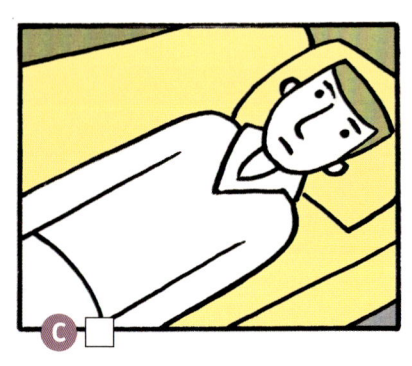

C ☐
Mettre le blessé au repos en l'allongeant.

D ☐
Allonger le blessé ; en aucun cas ne le laisser debout ni lui donner à boire ou à manger.

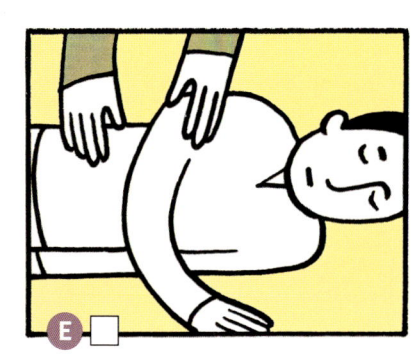

E ☐
Placer le blessé sur le côté en faisant lentement tourner son corps sans le tordre.

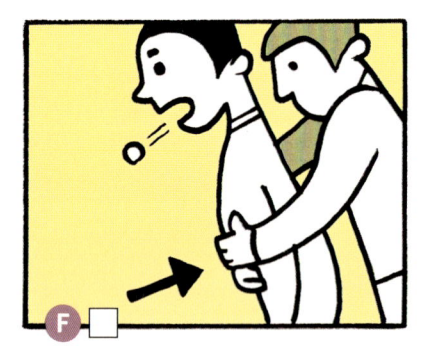

F ☐
Appuyer au-dessus du nombril pour augmenter la pression dans les poumons et permettre l'expulsion du corps étranger coincé dans les voies respiratoires.

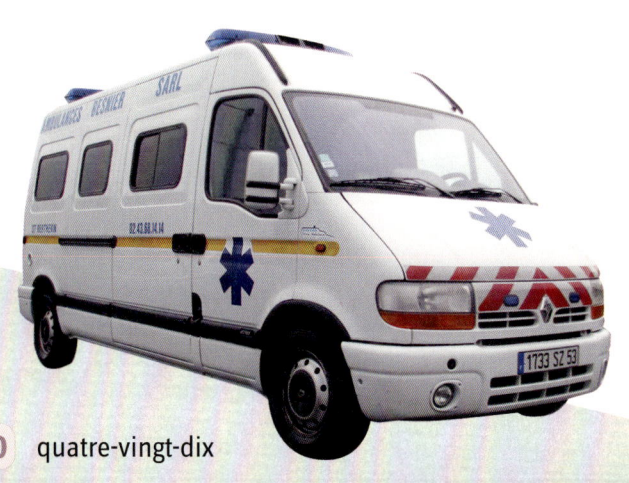

Bonne idée !

Dans cette activité, on vous demande d'associer des gestes à des situations. Lis la consigne en premier, puis les phrases qui expriment la situation. Cherche dans ces phrases un ou plusieurs mots qui vont te permettre de trouver la solution.

Mes savoir-faire **7**

Écouter

2 Écoute et associe les symboles aux textes enregistrés.

A ☐   B ☐   C ☐   D ☐   E ☐   F ☐

Parler

3 Explique ce qui s'est passé et donne des conseils pour secourir les blessés.

Écrire

4 Ta mère est partie en voyage. Elle t'a laissé un petit mot pour te dire de ne pas mélanger les bouteilles et de faire attention aux risques.

quatre-vingt-onze **91**

Unité 8 — On fait les magasins

1 Écoute et lis.

Caroline Qu'est-ce que tu penses de cette robe, elle me va comment ?

Nathalie Assez bien… Mais pourquoi tu n'essayes pas aussi la bleue ? C'est une robe qui est bien.

Caroline Elle est trop élégante ! Bon, passe-la moi quand même !

Nathalie Tu fais quelle taille ?

Caroline Du 38.

Nathalie Attends, je ne trouve pas le 38. Madame, vous avez la taille 38 ?

Vendeuse Non, il reste un 40.

Caroline Non, le 40, c'est trop grand. Alors, la tunique en coton. Qu'elle est jolie !

Nathalie Voilà. Pendant que tu fais ton choix, je cherche un nouveau pantalon. J'aimerais essayer un pantacourt et un t-shirt assorti.

Le portable de Caroline sonne.

Caroline Allô ! Oui, je suis dans un grand magasin avec Nathalie. On essaye des fringues. Tu nous retrouves ?

Nabil Oui, dans une demi-heure.

Caroline Parfait ! Nous, on continue !

Nathalie Caroline ! Qu'est-ce que tu penses de ce pantalon blanc, en lin, à pois rouges ? Et de ce t-shirt à fleurs jaunes ? Tu aimes ?

Caroline Oui, mais ne les mets pas ensemble !

Nathalie Tu payes avec ton argent de poche ?

Caroline Oui, voici l'argent !

Braderie !
Vous voulez acheter ou changer des fringues ? Les nouveaux maillots de bain pour l'été, les blouses, les jupes, les pantalons, les pantacourts… Et à midi une grillade en plein air. Écrivez un mail pour nous avertir de votre présence.
Nous serons là pour vous accueillir le samedi de 9h00 à 19h00.
Pour tout contact : fringues-jeunes@hotmail.fr ou via facebook

---

Bon à savoir !

fringues (fam.) = vêtements
braderie = vente d'occasion
argent de poche = argent que les parents donnent aux enfants

Dans cette unité, j'apprends :
- à acheter des vêtements, à demander et à donner des informations, à donner son avis ;
- les vêtements et les accessoires ;
- les adjectifs *beau*, *nouveau*, *vieux*, *fou*, *mou* ; les pronoms relatifs *qui* et *que*, les adverbes exclamatifs, le passé composé à la forme négative.

8

2 Dis si les affirmations sont vraies (V) ou fausses (F) ou on ne sait pas (?).

	V	F	?
1 Caroline essaye un pantalon.		X	
2 Nathalie porte du 40.			
3 Elle cherche un pantacourt marron.			
4 Nathalie parle au téléphone avec Nabil.			
5 Nabil les retrouve dans une demi-heure.			
6 Le samedi, on peut acheter ou changer des fringues.			
7 Le soir, on organise une grillade.			
8 On doit téléphoner pour avertir.			

3 Que se passe-t-il ? Complète le résumé.

Caroline et Nathalie aiment les fringues. Caroline veut acheter une _____ mais il n'y a pas sa _____ . Nathalie veut s'acheter un nouveau _____ . Caroline n'aime pas le _____ à fleurs jaunes et le _____ blanc, en lin, à pois rouges. Nabil arrive dans une demi-heure.

▶ C'est ton tour !

4 Réponds aux questions.

1 Fais-tu les magasins ? Quand ?
   Oui je les fais…
2 Avec qui vas-tu dans les magasins ?
3 Aimes-tu acheter des vêtements ? Pourquoi ?

8 Les mots

Les vêtements et les accessoires

1 Noémie et Florian partent pour le Canada. Écoute l'enregistrement et coche les vêtements et les accessoires que tu entends.

2-26

- A ☐ lunettes de soleil
- B ☐ combinaison de ski
- C ☐ moufles
- D ☐ survêtement
- E ☐ pyjama
- F ☐ mocassins
- G ☐ veste
- H ☐ polo
- I ☐ porte-monnaie
- J ☐ tunique
- K ☐ pantacourt
- L ☐ sac à main
- M ☐ collants
- N ☐ colliers
- O ☐ bagues
- P ☐ boucles d'oreilles
- Q ☐ bracelets
- R ☐ montre
- S ☐ escarpins
- T ☐ bottines

94 quatre-vingt-quatorze

Les mots 8

2 Écoute encore une fois l'enregistrement et remplis leurs valises.

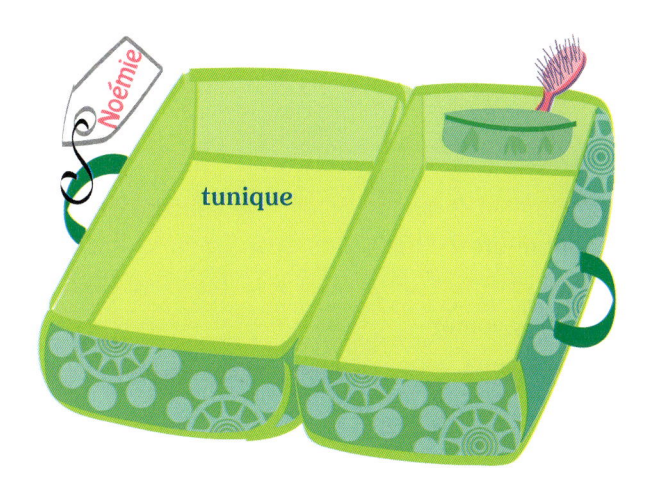

Noémie — tunique

Florian — veste

3 Associe les tissus ou les matériaux aux articles.

• cuir • coton • laine • jean • or • argent • flanelle • viscose • lin

1 blouson : cuir, jean
2 veste : _____
3 pyjama : _____
4 pullover : _____
5 mocassins : _____
6 bague : _____
7 robe : _____
8 pantalon : _____

Sons et lettres

Les son [j]

1 Écoute et fais attention à la prononciation.

• vieil • feuille • yeux • rail • bien
• fièvre • cuillère • Lyon • œil • travail

■ En français, le son [j] correspond à différentes graphies :
- **i** et **y** suivis d'une voyelle : **ciel**, **loyer** ;
- **ill** suivi d'une voyelle et précédé d'une consonne ou d'une voyelle : **vieille**, **papillon** ;
- **il** à la fin d'un mot précédé d'une voyelle : **travail**.

2 Écoute et indique si tu entends le son [j]

	1	2	3	4	5	6
oui	☒	☐	☐	☐	☐	☐
non	☐	☐	☐	☐	☐	☐

3 Relis plusieurs fois cette comptine. Après écoute et vérifie.

Le Papillon
Trois cents millions de papillons
Sont arrivés à Châtillon
Afin de boire du bouillon
Châtillon-sur-Loire,
Châtillon-sur-Marne,
Châtillon-sur-Seine.

8 Communication

Acheter des vêtements

1 Écoute et répète. *(2-30)*

- A Je peux vous aider ?
- B Je cherche un pantalon.

- A Qu'est-ce que vous désirez ?
- B Je désire des lunettes.

- A Vous voulez essayer des pantalons ?
- B Oui, merci !

- A Je peux vous conseiller ?
- B Je veux voir une bague.

- A Il coûte combien ?
- A Ça fait combien ?
- B 80 €

C'est cher ?
À VENDRE
Non, ce n'est pas cher, c'est en promotion !

2 Complète.

1. **Je peux vous aider ?**
   Je cherche un porte-monnaie en cuir.
2. _____ ?
   Nous cherchons un cadeau pour un copain.
3. _____ ?
   Je veux essayer ces lunettes.
4. _____ ?
   Nous voulons des collants noirs.
5. _____ ?
   20 euros.
6. _____ ?
   C'est trop cher !

Demander et donner des informations

3 Écoute et répète. *(2-31)*

- A Quelle est votre taille ?
- B Je fais du 38.

- A Quelle est ta pointure ?
- B Je chausse du 40.

- A Vous voulez essayer ?
- A Tu préfères les chaussures en cuir ?
- B Oui, merci !

- A Vous avez ce modèle en rouge ?
- B Oui, le voilà.

- A C'est pour vous ?
- B Oui.
- B Non, c'est un cadeau !

4 Complète le dialogue. Joue-le avec un copain.

1. **Bonjour, vous désirez ?**
   Je cherche des mocassins !
2. _____ .
   Est-ce que je peux essayer le modèle en cuir bleu ?
3. _____ .
   Je chausse du 39. Vous avez ce modèle en cuir marron ?
4. _____ .
   J'essaye le modèle en cuir bleu, alors. Il coûte combien ?
5. _____ .
   Ce n'est pas trop cher !
6. _____ ?

Communication 8

Demander et donner son avis

5 Écoute et répète.

A Qu'est-ce que tu en penses ?
B C'est original !

A Vous aimez ce modèle ?
B Ça fait vieux !

A Comment tu trouves la ceinture ?
B Elle n'est pas mal !

A Quelle veste me conseillez-vous ?
B La veste en coton !

6 À deux. Demande à un copain son avis sur ces accessoires. Il te répond.

Qu'est-ce que tu en penses ?
Ça fait vieux !

7 Caroline et Nabil essayent des vêtements et ils demandent des conseils au vendeur. Joue le dialogue avec un copain ou une copine.

C'est ton tour !

8 À deux. Imaginez le dialogue en suivant ce canevas. L'élève B, qui joue le rôle du client, ouvre le livre à la page 116.

A

1 Tu accueilles un/une client/e.
2 Tu montres le vêtement ou l'accessoire.
3 Tu donnes les informations.
4 Tu demandes la taille ou la pointure.
5 Tu donnes ton avis.
6 Tu donnes le prix.
7 Tu fais payer.
8 Tu salues.

9 À deux. Regardez la BD de la page 117 et jouez les dialogues.

8 La grammaire ? Facile !

Les adjectifs à double forme

1 Relis le dialogue de la page 92 et complète la phrase.

Je cherche un _____ pantalon.

Masculin sing.	Masculin plur.
beau / bel	beaux
vieux / vieil	vieux
fou / fol	fous
nouveau / nouvel	nouveaux
mou / mol	mous

- Certains adjectifs ont une double forme au masculin singulier. La deuxième forme s'emploie devant des mots masculins commençants par une voyelle ou un h muet.

  *Je regarde un **vieux** livre avec un **vieil** ami.*

- Les formes du féminin sont :

Féminin sing.	Féminin plur.
belle	belles
vieille	vieilles
folle	folles
nouvelle	nouvelles
molle	molles

2 Complète avec les adjectifs.

1. Je veux un *nouveau* (nouveau) cahier.
2. C'est une _____ (vieux) jupe.
3. C'est une _____ (beau) chanson.
4. J'habite dans un _____ (vieux) appartement.
5. Mon père est un _____ (beau) homme.
6. Vous chaussez de _____ (nouveau) chaussures.

Les pronoms relatifs *qui* et *que*

- Les pronoms relatifs permettent de mettre en relation deux phrases.
- Le pronom **qui**, sujet, s'emploie pour les objets et pour les personnes et ne s'apostrophe jamais.

  *Le garçon **qui** arrive est Marc.*

- Le pronom **que**, complément d'objet direct, s'emploie pour les objets et pour les personnes.

  *La jupe **que** je veux est la rouge.*

3 Complète les phrases avec un pronom relatif.

1. Nous avons mangé des crêpes *qui* sont salées.
2. Voilà le livre _____ je dois lire.
3. C'est toi _____ parles au téléphone ?
4. Ce sont des élèves _____ ne travaillent pas.
5. C'est un film _____ j'adore.
6. Regarde la BD _____ j'aime.
7. J'ai un frère _____ étudie à Grenoble.
8. J'aime les chaussures _____ tu portes.
9. Ma copine Amélie a chanté une chanson _____ je n'aime pas.
10. Comment s'appelle le garçon _____ a téléphoné hier à midi chez toi ?

La grammaire ? Facile ! 8

4 Transforme les phrases en suivant l'exemple.

1. Tu cherches le garçon brun ? Il vient de partir.
   Tu cherches le garçon brun qui vient de partir.
2. C'est ma copine. Elle est grande et blonde.
   _____ .
3. J'ai un ami canadien. Mon ami ne parle pas français.
   _____ .
4. Mes grands-parents habitent une jolie maison. La maison se trouve à la campagne.
   _____ .
5. Ce sont des jupes. Elles sont rouges et marron.
   _____ .
6. Elle aime jouer à l'ordinateur. Il se trouve dans la chambre de son frère.
   _____ .

Les adverbes exclamatifs

5 Relis le dialogue de la page 92 et complète la phrase.

_____ elle est jolie !

- L'exclamation peut être introduite par :
  - l'adjectif **quel** + un nom
    Quel mauvais temps !
    Quelle horreur !
  - Les adverbes **que / qu'**, **comme** + sujet + verbe
    Qu'elle est jolie !
    Comme il est beau !
  - **Qu'est-ce que**
    Qu'est-ce qu'il est sympa !

6 Transforme les phrases.

1. Tu es fou. **Que tu es fou !**
2. Tu es sympa. _____ !
3. Elle étudie. _____ !
4. Le beau temps. _____ !
5. Il parle bien. _____ !
6. Il neige. _____ !

Le passé composé à la forme négative

- Si la phrase au passé composé est à la forme négative, **ne** précède l'auxiliaire et **pas** le suit.
  Je n'ai pas acheté beaucoup de fringues.

7 Transforme les phrases à la forme négative.

1. Vous avez pris l'argent ?
   Non, nous n'avons pas pris l'argent.
2. Nous sommes allés à Paris.
   _____ .
3. Tu as vu les copains hier ?
   _____ .
4. Ils sont arrivés mardi matin.
   _____ .
5. Elle a écrit à sa maman.
   _____ .
6. Nous avons regardé un beau film.
   _____ .
7. Je me suis levé à 8 heures.
   _____ .
8. Il est né en février.
   _____ .

8 Mes savoir-faire

Écouter

1 Associe les dialogues aux images.

2 Dis si les affirmations sont vraies (V) ou fausses (F).

	V	F
1 Une vendeuse demande la taille.	☒	☐
2 Une personne donne sa pointure.	☐	☐
3 Une personne hésite entre une veste marron et bleue.	☐	☐
4 La personne veut une robe violette.	☐	☐
5 On demande un porte-monnaie.	☐	☐
6 Il s'agit d'un cadeau.	☐	☐

Parler

3 Ton copain ou ta copine fête son anniversaire. Tu dois acheter un cadeau. Imagine le dialogue avec le vendeur dans un magasin. Un copain joue le rôle du vendeur.

Mes savoir-faire 8

Lire

4 Sais-tu lire les étiquettes ? Associe les symboles aux précautions.

1. ☐ (40°)
2. ☐ (triangle barré)
3. ☐ (CL)
4. ☐ (fer à repasser 2 points)
5. ☐ (bassine barrée)
6. ☐ (cercle barré)
7. ☐ (main dans bassine)
8. ☐ (cercle avec point)

A — **Laver à la main**
L'article ne doit pas être lavé en machine.

B — **Ne pas sécher en tambour**
L'article ne doit pas être mis dans un sèche-linge.

C — **Peut être passé au chlore**
L'article peut être lavé avec du chlore.

D — **Ne pas repasser**
L'article ne doit pas être repassé.

E — **Température de repassage**
Le logo peut comporter de 1 à 3 points en son centre.
1 point : chaleur faible
2 points : chaleur moyenne
3 points : chaleur forte

F — **Température de lavage**
La température de lavage recommandée est indiquée au centre du logo : 90°, 60°, 40°, etc.

G — **Ne pas laver à l'eau**
Un nettoyage à sec est recommandé.

H — **Ne pas utiliser de chlore**
L'article ne doit pas être lavé avec du chlore.

Écrire

5 Tu dois passer une année aux États-Unis. Avant de partir tu écris une lettre à ton/ta copain/copine pour lui dire ce que tu as acheté. Rédige la lettre.

cent un 101

Unité 9 — Vacances au vert

1 Écoute et lis.

Lucas Salut, Théo !

Théo Salut ! On y va ?

Lucas D'ac ! Mais Caroline, Nabil, Nathalie et Patricia ne sont pas encore arrivés. On n'est pas loin du Mont Blanc. Regarde, c'est magnifique !

Théo Oui. Mais moi, je suis crevé. Marcher, c'est dur !

Lucas Pourquoi ? Qu'as-tu fait pendant ces quinze jours ?

Théo J'ai fait du jardinage en Provence chez mes grands-parents avec des copains pour gagner un peu d'argent de poche.

Lucas Oh ! Mais, quand est-ce que tu es parti pour la Provence ?

Théo Juste après la boom de Caroline pour fêter le dernier jour de collège. Caroline est partie avec nous.

Lucas Et qu'est-ce que vous avez fait exactement ?

Théo On a bossé dur ! On a nettoyé les allées, arraché des mauvaises herbes, taillé des branches d'arbres, arrosé les fleurs, planté des rosiers, coupé l'herbe, nettoyé l'eau des fontaines... L'ambiance était très chouette entre nous. On a bien mangé ! C'est ma grand-mère qui a cuisiné avec l'aide de Caroline.

Lucas Il doit être beau ce jardin !

Théo Oui, il est très grand. C'est fantastique, il y a des fleurs super-belles. Ils ont aussi des animaux : des poules, des lapins, des oies...

Journal des Jeunes de la ville de Saint-Rémy de Provence
Petites Annonces — Travail : Offres

Tu es un/une ado ! Tu aimes vivre au grand air. Sais-tu que tu peux faire du jardinage à Saint-Rémy de Provence, à seulement 18 kilomètres de la gare TGV d'Avignon ? Comme ça, tu peux gagner de l'argent et apprendre le français ! Mais aussi, connaître d'autres ados qui peuvent venir te voir dans ton pays. Tu peux aussi rêver, le soir, en regardant les magnifiques champs de lavande.
Infos : 0033 04 7845327

Bon à savoir !

bosser (fam.) = travailler
boom = fête entre adolescents
chouette = sympathique

Dans cette unité, j'apprends :
- à raconter un événement du passé, à décrire un paysage, à raconter mes vacances ;
- le lexique de la nature et de l'environnement naturel, les noms de certains animaux ;
- *voici* et *voilà*, le pronom *y*, les adverbes de lieu, le superlatif absolu, les verbes *s'amuser* et *recevoir*.

9

2 Lis le dialogue et la petite annonce et dis si les affirmations sont vraies (V) ou fausses (F) ou on ne sait pas (?).

		V	F	?
1	Théo et Lucas se rencontrent le 10 juillet.	☐	☐	☒
2	Théo dit que marcher c'est facile.	☐	☐	☐
3	Caroline n'a pas aidé sa grand-mère à cuisiner.	☐	☐	☐
4	Ils ont bien mangé en Provence.	☐	☐	☐
5	Les grands-parents de Caroline ont des chiens.	☐	☐	☐
6	La petite annonce s'adresse aux ados.	☐	☐	☐
7	Saint Rémy de Provence se trouve assez près d'une gare TGV.	☐	☐	☐
8	Travailler dans les jardins de Saint-Rémy de Provence permet de gagner 500 euros.	☐	☐	☐

3 Que se passe-t-il ? Complète le résumé.

Lucas, Théo et Caroline font une randonnée près du Mont Blanc. Mais Théo est fatigué parce qu'_____ chez ses grands-parents. Il _____ _____ les allées, il _____ _____ des mauvaises herbes, il _____ des branches d'arbres, il _____ les fleurs, il _____ des rosiers, il _____ l'herbe, il _____ _____ l'eau des fontaines.
Dans ce jardin, il y a des fleurs super-belles et aussi des animaux.

● **C'est ton tour !**

4 Sais-tu faire du jardinage ?

Oui, un peu…
Où fais-tu du jardinage ?
Aimes-tu la nature ? Que fais-tu pendant les vacances ?

cent trois **103**

9 Les mots

Les paysages et la nature

1 Écoute l'enregistrement et coche les mots que tu entends. Puis associe les images aux activités correspondantes.

1. ☐ arbres
2. ☐ fleurs
3. ☐ marée
4. ☐ rocher

5. ☐ escalade   A
6. ☐ randonnées ___
7. ☐ pêche ___
8. ☐ jogging ___
9. ☐ ski d'été ___

10. ☐ camp d'été
11. ☐ fêtes des villages
12. ☐ plage
13. ☐ refuge

14. ☐ pédalo
15. ☐ planche à voile
16. ☐ voilier

2 Écris chaque mot dans la bonne colonne.

montagne	campagne	mer
	camp d'été	

104 cent quatre

Les mots 9

3 Écris les noms des animaux sous les photos, écoute et vérifie. Puis associe chaque animal à son habitat.

- poisson • poule • aigle • cheval • oie
- chat • cerf • oiseau • crabe
- dauphin • lapin • vache

1. poisson B
2. ____ ☐
3. ____ ☐
4. ____ ☐
5. ____ ☐
6. ____ ☐
7. ____ ☐
8. ____ ☐
9. ____ ☐
10. ____ ☐
11. ____ ☐
12. ____ ☐

A • B • C • D

4 Complète le texte avec les mots de la liste.

- vaches • animaux
- chevaux • oies
- chien • poissons
- chat
- poules
- arbres
- fleurs

Chère Pauline,
je suis à la campagne où les (1) **arbres** sont en (2) _____ .
Chez ma grand-mère, il y a beaucoup d'(3) _____ , un (4) _____ et un (5) _____ .
Mais aussi trois (6) _____ , deux (7) _____ , des (8) _____ et des (9) _____ . Elle a aussi des (10) _____ rouges. C'est fatiguant, mais j'ai envie de vivre à la campagne. Et toi, t'amuses-tu à la mer ?
À bientôt !
Clara

cent cinq 105

9 Communication

Raconter un événement passé (2)

1 Écoute et répète. *(2-37)*

- **A** Alors, raconte moi !
- **B** Je suis allé à la montagne.

- **A** Quand tu es parti ?
- **B** Je suis parti hier.

- **A** Cela fait combien de temps que tu es là ?
- **B** Cela fait un mois !

- **A** Vous êtes arrivés le matin ?
- **B** Oui, nous sommes arrivés vers midi.

- **A** Qu'est-ce que tu as fait ?
- **B** J'ai fait des... .

- **A** Tu as vu tes amis ?
- **B** Non, je n'ai pas vu mes amis.

- **A** Ça t'a plu ?
- **B** Oui, je dois dire que ça m'a beaucoup plu !

2 À deux et à tour de rôle. Tu as passé de belles vacances à la montagne ou à la campagne, raconte.

Alors, raconte-moi.
Je suis parti le matin à 9h.
Et qu'est-ce que tu as fait ?

Décrire un paysage

3 Écoute et répète. *(2-38)*

- **A** Où se trouve-t-il ?
- **B** Au pied de la montagne.

- **A** C'est comment ?
- **B** C'est un paysage fantastique.

- **A** Il est caractérisé par un glacier ?
- **B** Oui, et par un vieux refuge.

- **A** Il y a des animaux ?
- **B** Oui, des aigles et des cerfs.

4 Tu dois décrire un paysage de ta région. Apporte une carte postale ou une photo et présente-le à tes copains.

Ce paysage se trouve...

Raconter ses vacances

5 Écoute et répète. *(2-39)*

- **A** Qu'as-tu fait cet été pendant les grandes vacances ?
- **B** Je suis allé à...

- **A** Vous êtes allés à la montagne ou à la mer ?
- **B** À la montagne.

- **A** Combien de temps es-tu resté ?
- **B** Un mois.

- **A** Tu y es allé en train ?
- **B** Non, en voiture.

- **A** Il a fait beau ?
- **B** Oui, il a fait beau !

Communication 9

6 Regarde les dessins et imagine ce que tu as fait pendant tes vacances. Tu peux aussi imaginer la suite.

> Nous sommes partis le matin en car...

C'est ton tour !

7 À deux. L'élève A imagine le dialogue en suivant ce canevas. L'élève B ouvre le livre à la page 116.

A

1. Tu demandes à un copain où il est allé en vacances.
2. Tu demandes à ton copain s'il s'est amusé.
3. Tu lui demandes ce qu'il a fait de spécial.
4. Tu lui demandes s'il a vu des animaux dans la montagne.
5. Tu lui demandes si le paysage est beau.
6. Tu lui demandes avec qui il a été.
7. Tu lui demandes s'ils ont fait beaucoup de randonnées.
8. Tu lui dis qu'il a eu de la chance de pouvoir faire de si belles choses !

Sons et lettres

Le son [ʒ]

1 Écoute et fais attention à la prononciation.

- argent • jour • collège • jardin
- déjà • plage • toujours • âge
- déjeuner • Égypte

■ En français, le son [ʒ] correspond aux graphies **j** de **jour** et **g + e, i, y**.

2 Écoute et indique si tu entends le son [ʒ].

1	2	3	4	5	6	7	8	9	10
☒	☐	☐	☐	☐	☐	☐	☐	☐	☐

3 Dictée. Écoute et complète.

J'aime passer l'été à la campagne. _____ dans une _____ maison à deux _____ , au toit _____ , avec un beau _____ . Avec mes copains _____ toute la _____ avec les animaux. Il y a des lapins, des poules, des oies. Avec mes parents, nous prenons notre petit _____ dehors ; plus tard, nous _____ sous un arbre et nous _____ des bons plats faits par ma maman.

cent sept **107**

9 La grammaire ? Facile !

Voici et voilà

Les prépositions **voici** et **voilà** s'emploient pour présenter des personnes ou des choses. **Voici** exprime la proximité et **voilà** la distance.

1 Complète avec *voici* ou *voilà*.

1 **Voici** le livre que tu cherches.
2 _____ Marc qui arrive à vélo. 
3 Je ne trouve plus ma gomme. Mais la _____ . 
4 Oh les _____ qui arrivent en retard ! 

Le pronom y

- Le pronom **y** peut avoir la fonction de complément de lieu ou de complément d'objet indirect.
- En tant que complément de lieu, il remplace un nom de lieu et accompagne un verbe qui exprime le mouvement ou la position.
  *Je vais en Savoie. J'**y** vais.*
  *Je suis à Saint-Rémy en Provence. J'**y** suis.*
- En tant que complément d'objet indirect, **y** remplace un nom abstrait de choses ou d'animaux précédé de la préposition **à**.
  *Je pense aux vacances. J'**y** pense.*

2 Complète les réponses. Utilise le pronom *y*.

1 Tu penses à ton examen ?
   Oui, **j'y pense.**
2 Vous allez en Provence ?
   Oui, _____ .
3 Est-ce que tu tiens à tes BD ?
   Oui, _____ .
4 Tu vas chez Laurence ?
   Non, _____ .
5 Ils vont à Paris en hiver ?
   Non, _____ .
6 Nous pensons aux vacances. Et toi ?
   Moi aussi, _____ .

Les adverbes de lieu

Les adverbes de lieu sont invariables.

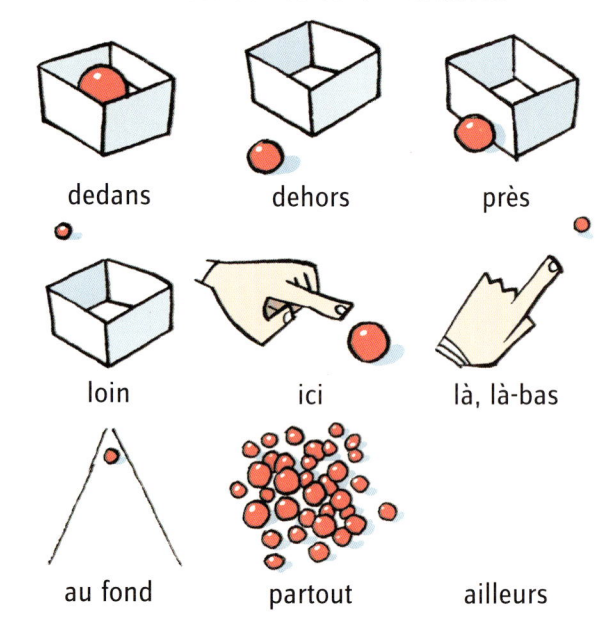

dedans   dehors   près

loin   ici   là, là-bas

au fond   partout   ailleurs

3 Forme des phrases comme dans l'exemple.

• livres • lac • table • banque
• sac • chat

Il faut chercher tes livres ailleurs.

La grammaire ? Facile ! 9

Le superlatif absolu

- Le superlatif absolu exprime le degré le plus grand d'une qualité. Il se forme en général avec l'adverbe **très**.
 *Monica Bellucci est **très** belle.*
- Dans le langage familier, on emploie souvent **super**, **ultra**, **hyper**.
 *J'ai acheté un blouson **hyper** beau.*
- Dans un registre plus soutenu, on peut trouver à la place de **très**, **fort** ou **bien**.
 *C'est **bien** bon.*

4 Transforme ces phrases.

1. J'ai vu un beau paysage.
 J'ai vu un très beau paysage.
2. J'ai un copain sympathique.
 _____.
3. J'ai visité une belle maison.
 _____.
4. Ce gâteau est bon.
 _____.
5. C'est une BD intéressante.
 _____.
6. Caroline est bavarde.
 _____.

5 Regarde les dessins et forme des phrases.

1. César a un très gros nez.
2. _____
3. _____
4. _____

Les verbes *s'amuser* et *recevoir*

Indicatif présent

s'amuser	recevoir
Je m'amuse	Je reçois
Tu t'amuses	Tu reçois
Il/Elle s'amuse	Il/Elle reçoit
Nous nous amusons	Nous recevons
Vous vous amusez	Vous recevez
Ils/Elles s'amusent	Ils/Elles reçoivent

- Tous les verbes pronominaux comme **se coucher**, **se laver** se conjuguent comme **s'amuser**.
- Tous les verbes qui finissent en **-cevoir** comme **apercevoir**, **concevoir**, **décevoir** se conjuguent comme **recevoir**.

6 Complète ces phrases avec les verbes.

- ~~s'amuser~~ • apercevoir • recevoir (3x)
- se laver

1. Je m'amuse beaucoup au parc.
2. À Noël, je _____ des cadeaux.
3. Nous _____ des oiseaux dans le ciel.
4. Le matin, je _____ avant d'aller au collège.
5. Le professeur _____ mes parents.
6. Ils _____ un appel téléphonique.

7 Écoute et complète.

1. Le matin je me lève à 8h, après _____ et _____.
2. Mon père _____ des cadeaux pour son anniversaire.
3. _____ des amis devant le collège.
4. _____ à 22h le samedi soir.
5. Mon copain _____ à jouer à l'ordinateur.
6. _____ sa copine dans le bus.

9 Mes savoir-faire

Écouter

1 Écoute, réponds aux questions et complète le tableau.

1. La personne qui téléphone est un
   - A ☐ professeur.
   - B ☐ dessinateur.

2. Elle téléphone à
   - A ☐ l'Abbaye de Montmajour.
   - B ☐ l'Abbaye de Sénanque.

3.
Jours d'ouverture	
Jours de fermeture	
Horaires d'ouverture de mars à octobre	
Horaires d'ouverture de novembre à février	
Horaires d'ouverture du samedi et du dimanche	
Prix du billet pour les enfants	
Prix du billet pour les adultes	
Prix du billet pour les groupes	

4. À quel numéro faut-il envoyer un fax ?

___

Mes savoir-faire 9

Lire

2 Lis cet extrait et réponds aux questions.

La Provence est une région du Sud de la France. Elle a été la première province des romains en Gaule et fait partie de la Provence-Alpes-Côte d'Azur avec une superficie de 31 443 Km².
Les villes les plus importantes sont Marseille, Digne, Toulon, Avignon, … mais ses petits villages charment les visiteurs. Son climat est caractérisé par des étés chauds et secs, pendant lesquels on entend chanter les cigales, et des hivers doux.
Partout on peut visiter des monuments, des églises, des abbayes, des fontaines et des palais. Certains monuments comme les Arènes d'Arles remontent à la domination des romains.
Nombreux sont les touristes qui viennent la visiter.
Elle est connue aussi pour ses produits comme les olives, les vins et la bonne cuisine. Il ne faut pas manquer de goûter la bouillabaisse, la tapenade et l'aïoli.

1. Quelle région on présente dans le texte ?
   _____.

2. Quelle est sa superficie ?
   _____.

3. Quelles sont les villes les plus importantes ?
   _____.

4. Comment est son climat ?
   _____.

5. Quels monuments remontent à la domination des romains ?
   _____.

6. Quels sont ses produits et ses plats typiques ?
   _____.

Écrire

3 Tu as participé à un voyage de classe en Provence. Au retour, tu écris une lettre à ton correspondant pour lui dire ce que tu as fait et pour décrire cette région.

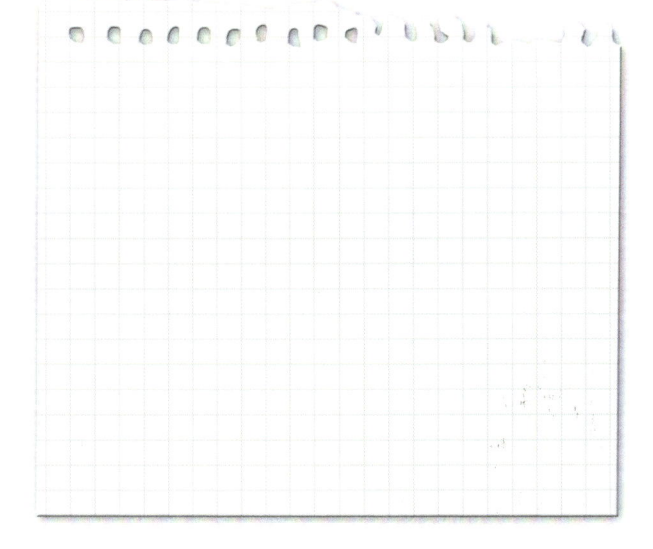

Parler

4 Tu participes avec ta classe à un échange avec une classe d'élèves francophones à qui vous devez présenter le paysage de votre région. Tu as été choisi pour la présenter. Imagine.

Bonne idée !

Pour présenter un lieu, un paysage, tu peux suivre le schéma suivant en donnant :
- la localisation géographique ;
- la superficie ;
- les montagnes ;
- le climat ;
- les villes ;
- les monuments.

Pour terminer, tu peux parler des produits et des plats typiques. Tu peux t'aider d'une carte, de cartes postales ou de photos.

9 Regards sur...

Des Français célèbres

Voici quelques hommes célèbres qui ont fait l'Histoire de France.

1 Associe les textes aux images.

1 **Vercingétorix** (80 av. J.-C. – 46 av. J.-C.)

C'est le premier chef des Français. Il unit la plupart des peuples gaulois et leurs chefs pour repousser l'envahisseur romain Jules César à la fin de la guerre des Gaules. Il perd à Alésia en 52 av. J.-C. et est exécuté à Rome, à la suite du triomphe de César.

A ☐

2 **Napoléon Ier** (1769-1821)

Général de la Révolution française, il accumule les victoires spectaculaires en Italie et pendant la campagne d'Égypte. Il devient Empereur des Français en 1804. Il réorganise et réforme l'État et la société. Il est aussi président de la République italienne de 1802 à 1805, puis roi d'Italie du 17 mars 1805 au 11 avril 1814. Il conquiert et gouverne la majeure partie de l'Europe continentale. Malgré de nombreuses victoires, l'épopée impériale s'arrête en 1815 avec la défaite de Waterloo.

B ☐

3 **Victor Hugo** (1802-1885)

C'est un écrivain français auteur de poésies, de pièces de théâtre et de romans. Il est connu pour *Notre-Dame de Paris* et *Les Misérables*.

4 **Louis Pasteur** (1822-1895)

C'est un physicien et un chimiste français. Il a découvert le vaccin contre la rage et a démontré l'existence des bactéries. Il a inventé le processus qui porte son nom, la *pasteurisation*.

C ☐

Regards sur... 9

5 **Charles de Gaulle** (1890-1970)

C'est un général et un homme d'État. Pendant la Seconde Guerre mondiale, il est en exil à Londres et il est le chef de la résistance à l'occupation allemande.
Il fonde ensuite la Ve République en 1958 et est le président de la République de 1959 à 1969.

D ☐

E ☐

6 **Jean Monnet** (1888-1979)

C'est un homme politique français. Durant la Seconde Guerre mondiale, il est, avec le Général de Gaulle, un des principaux acteurs de la victoire des alliés. Il est aussi un des pères fondateurs de l'Europe. Le traité de Paris est signé en 1951 par la République fédérale d'Allemagne (RFA), la Belgique, la France, l'Italie, le Luxembourg et les Pays-Bas. Il organise la mise en commun de la production et la consommation du charbon et de l'acier entre les six pays signataires. C'est la CECA : communauté européenne du charbon et de l'acier. Jean Monnet est le premier président de la CECA de 1952 à 1955. Ce traité est considéré comme l'un des actes fondateurs de l'Union européenne. Monnet fonde aussi un comité d'action pour les États-Unis d'Europe.

F ☐

2 Dis si les affirmations sont vraies ou fausses. Justifie tes réponses.

		V	F
1	Vercingétorix a gagné la guerre des Gaules contre Jules César.	☐	☐
2	Napoléon Ier a été empereur des Français et des Italiens.	☐	☐
3	Victor Hugo est un écrivain du XIXe siècle.	☐	☐
4	Louis Pasteur a inventé le vaccin contre la rage.	☐	☐
5	Charles de Gaulle est un président de la Ve République.	☐	☐
6	Jean Monnet est le père de l'Europe.	☐	☐

▶ À toi !

3 Avec ton professeur de sciences, fais une recherche sur les découvertes de Louis Pasteur.

4 Connais-tu d'autres scientifiques célèbres ? Dis ce qu'ils ont inventé.

5 Fais le portait d'un personnage que tu admires.

Tu peux chercher un personnage de l'histoire de ton pays avec ton professeur d'histoire. Tu peux aussi travailler avec ton professeur d'art si tu choisis un artiste. Donne son nom, l'époque à laquelle il vit, son œuvre et l'influence qu'il a eue dans ta culture et pour toi.

cent treize

Unités 7-9 — Je fais le point 3

1 Compète les phrases en utilisant ces mots.

- gorge • argent • poisson • oreilles • ventre
- dauphin • chat • lèvres • nez • or

1 J'écoute avec les _____ .
2 Je sens avec le _____ .
3 Je souris avec les _____ .
4 J'ai mal à la _____ , je ne peux pas parler.
5 J'ai mal au _____ , je ne peux pas manger.
6 Je ne trouve pas ma bague en _____ .
7 Je ne trouve pas mon bracelet en _____ .
8 Chez moi, j'ai un _____ et un chien.
9 Mon chat regarde le _____ rouge.
10 Dans la mer, il y a un _____ .

| Points ___ | 10 |

2 Transforme ces phrases à la forme négative.

1 J'ai mangé un croissant.
2 Nous sommes partis en vacances.
3 Nous avons bu de l'eau.
4 Tu as eu une note.
5 Vous avez habité à Biarritz.
6 Il a écrit un message à Gilles.

| Points ___ | 6 |

3 Complète ces phrases avec les pronoms COI.

1 Je _____ montre des photos. (à un copain)
2 Le moniteur _____ pose des questions. (à vous)
3 Le grand-père _____ fait un cadeau. (à moi et à mon frère)
4 Tu _____ chantes une chanson. (à eux)
5 Nous _____ donnons une glace. (à toi)
6 Ils _____ parlent en français. (à moi)

| Points ___ | 6 |

4 Complète avec les adjectifs.

- beau • vieux • fou • vieille
- nouveau • nouvelle

1 J'ai acheté une _____ robe.
2 Ils ont un _____ professeur de SVT.
3 Elle veut s'acheter un _____ pantalon.
4 Nous avons une _____ auto.
5 Vous adorez lire des _____ romans.
6 J'ai rencontré un homme _____ .

| Points ___ | 6 |

5 Complète ces phrases avec les pronoms relatifs.

1 Il a pris le livre _____ je dois lire.
2 C'est Tonin _____ regarde la télé.
3 Voici la fille _____ est dans ma classe.
4 J'adore le bonnet _____ est dans la vitrine.
5 Tu manges les fruits _____ je veux.
6 Patricia aime le portable _____ j'ai acheté.

| Points ___ | 6 |

Je fais le point 3

6 Complète avec les verbes au présent.

- rendre • suivre • sourire • (s')amuser
- recevoir • apercevoir • rire • boire

1. Je _____ un jus de fruits.
2. Vous _____ le cours d'histoire.
3. Il _____ son devoir au professeur.
4. Vous _____ de lui.
5. Il _____ ses amis à la campagne.
6. J' _____ mon chat sous la table.
7. Vous vous _____ avec ce jeu.
8. Léa, on prend une photo, _____ !

Points ____ | 8

7 Transforme les phrases au superlatif absolu en utilisant *très, hyper, super*.

1. Ma voiture est _____ rapide.
2. Je parle _____ bien le français.
3. Léa est _____ -sympathique.
4. J'habite dans une _____ petite ville.
5. Ce restaurant est _____ cher.
6. Ce paysage est _____ beau.
7. Mon copain est _____ -actif.
8. J'ai acheté une _____ belle jupe.

Points ____ | 8

Après avoir fait les exercices, calcule tes points. Vérifie avec ton professeur.

Total des points _____ / 50

Pour aller plus loin... à l'écrit

8 Lis le texte et coche les parties du corps où Sabine a mal.

E-MAIL

Alain,

je ne peux pas venir au cinéma car je suis malade. Depuis ce matin j'ai mal aux dents, à la tête et j'ai aussi de la fièvre.
Mon docteur m'a donné un traitement mais en ce moment j'ai aussi mal aux oreilles et à la gorge.
C'est la catastrophe !
Sabine

Pages interactives

Unité 2, exercice 8, page 29.

Tu es l'épicière et tu réponds aux questions d'un client. L'illustration peut t'aider.

Unité 7, exercice 8, page 87.

Tu joues le rôle du médecin. Une patiente t'appelle au téléphone.

B
- Tu salues la dame et tu demandes qui est-ce qui est malade.
- Tu demandes qu'est-ce qu'elle a.
- Tu lui donnes des conseils.
- Tu dis qu'il faut faire des piqûres et prendre des comprimés.
- Tu dis que tu vas lui préparer l'ordonnance.
- Tu la salues.

Unité 8, exercice 8, page 97.

Tu joues le rôle du client.

B
- Tu dis ce que tu cherches, vêtement ou accessoire.
- Tu demandes des informations, couleur, modèle.
- Tu demandes de l'essayer.
- Tu l'essayes.
- Tu demandes le prix.
- Tu l'achètes.
- Tu payes et tu salues.

Unité 8, exercice 9, page 97.

Regarde la BD *Chapeau !* à la page suivante et avec un copain joue-la.

Unité 9, exercice 7, page 107.

À deux. Imaginez le dialogue en suivant ce canevas.

B
- Tu dis que tu es allé à la montagne
- Tu réponds que tu t'es beaucoup amusé.
- Tu racontes que tu as fait de l'escalade.
- Tu réponds que tu as vu des animaux.
- Tu réponds que c'est magnifique, avec des fleurs sauvages.
- Tu réponds que tu as été avec ton frère et deux amis venus de France.
- Tu réponds que oui, tu en as fait beaucoup.

Pages interactives

Chapeau !

Tous en scène !

Cette petite comédie musicale vous permet de réviser des règles de la langue française tout en... jouant. On y va ?

La langue française en *rap*

Prologue

L'alphabet français entre en scène et chaque lettre se présente.

> Je suis le A et sans moi vous ne pouvez pas parler,
> Je suis le B, la deuxième lettre de l'alphabet ;
> Me voici le C français de cette et de casquette ;
> Si vous vous le demandez c'est moi le D ;
> Et moi le E, ouvert, fermé ou bien... caché ;
> Avec nous vous faites la FêTe, (FeT)
> Attendez-moi j'arrive avec mon ami le J, mais je suis le G ;
> Moi le H, je suis le compagnon de tous les bûcherons ;
> Moi le k, je suis un cas à part ;
> Et moi le I, je souris à la vie ;
> Le voici le L qui arrive avec le M et le N et le O qui n'est pas un zéro ;
> Moi le P, je suis peut-être un peu petit mais pourtant partout ;
> Le R arrive en roulant et le S comme un serpent.
> Moi, le T, je suis toujours en vacances ;
> Et nous, le U avec le V, nous pouvons vous faire bronzer ;
> Je suis double mais pourtant seul, je suis votre W ;
> X, Y et Z pour terminer notre alphabet.

Écoute et chante la chanson de l'alphabet.

Premier acte

Les lettres s'en vont ; il ne reste que les voyelles assises et en train de discuter.

Le E : « Je reviens de ma banque où j'ai placé tous mes accents. » é è ê

Le A : « Eh bien ! Je ne sais pas comment vous faites… ».

Le U *(qui coupe la parole au A)* : « Mon ami A a raison, nous n'en n'avons que deux et nous avons déjà du mal à savoir où les placer ! » à ù â û

Le I : « Moi, je ne me plains pas, de temps en temps il me protège de la pluie.

Le O : « Oh, vous avez bien de la chance ! Moi, je pense que je vais bientôt quitter la France pour aller habiter en Italie. Là-bas au moins, on m'en donnera plus à placer. »

Deuxième acte

Le M et le N entrent. Ils se disputent, et les voyelles paniquées, s'enfuient.

Le N : Mais non, tu te trompes ! C'est toujours à moi d'être placé ici !

Le M : Dis donc bonhomme, si je te dis que je dois prendre ta place c'est qu'il y a une bonne raison !

Le N : Moi, je suis plus jeune et si je te dis que c'est faux , alors c'est faux !

Arrivent alors le B et le P bras dessus bras dessous. Ils prennent la parole.

Le B : Tais-toi N ! C'est toi qui te trompes.

Le P : En effet, la règle veut que quand tu nous précèdes tous les deux, tu dois laisser ta place au M.

Le M *(triomphant)* : Ah ! Tu vois, tu aurais mieux fais d'écouter un ancien.

Le N : Oui, monsieur !

Tous en scène !

Troisième acte

Le B reprend la parole : Bien maintenant que l'on vous a tout expliqué, je me sauve j'ai du travail.
Le P : Qu'est-ce qu'il t'arrive ?
LE B : Dans mon bureau je viens d'acheter un ordinateur, en plus de ma bibliothèque...

Le N, lui coupant la parole : Tu as perdu la tête ? De quelle bibliothèque parles-tu ?
De la Très Grande Bibliothèque de France ?
Le B : Je ne te comprends pas, j'ai une petite bibliothèque en bois dans mon bureau, où j'ai installé un ordinateur qui ne s'allume pas quand j'appuie sur le bouton.

Le M, moqueur : C'est normal ! Les boutons, on les trouve sur les vestes et pas sur les ordinateurs !

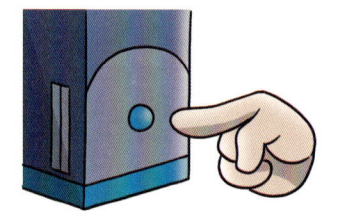

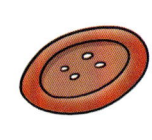

Le P, mécontent : Décidément, vous ne comprenez rien ! La bibliothèque, c'est un meuble, le bureaux une pièce, et le bouton, c'est l'interrupteur de l'ordinateur !

Épilogue

Toutes les lettres entrent en scène.

Sache qu'en français, il y a des homophones !
Tu ne dois pas confondre la **mer** avec ta **mère**.

Quand on te demande ton **nom** tu ne réponds pas **non**. Avec **cent euros**, tu n'es pas **sans euros**.

Rappelle-toi qu'en français, il y a des homophones ! Tu ne dois pas confondre les **notes** avec ta **note**.

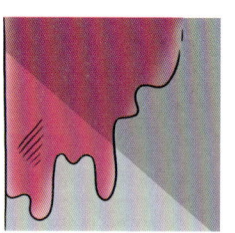

Quand tu as une **tâche** à faire ce n'est pas sur ton blouson.

Avec le **chaos**, on est souvent **K.O.**

N'oublie pas qu'en français il y a des homophones ! Yo ! Yo ! Je ne suis pas un yoyo !

120 cent vingt

Chansons

1 Tu as fait l'exercice de l'unité 0 à la page 10 ? Voilà le texte de la chanson de Vite avec les strophes dans le bon ordre.

Vite

Vite, vite, vitamines
Vite, vite, vitamines
Vite, vite, vitamines
Venez vite prendre vos vitamines !

Ce n'est pas un médicament
Ce n'est pas un fortifiant
Et pourtant c'est un bon remède
Pour apprendre le français !

Vite, vite, vite, vitamines
Vite, vite, vite, vitamines
Vite, vite, vite, vitamines
Venez vite prendre vos vitamines !

Ce n'est pas un cachet magique
Ce n'est pas un sirop homéopathique
Et pourtant c'est un bon remède
Pour apprendre le français !

Vite, vite, vite, vite, vitamines
Encore des vite, vite, vite, vite, vitamines
Beaucoup de vite, vite, vite, vite, vitamines
Venez vite prendre vos vitamines !

2 Écoute et chante.

Tous en classe !

Tous en classe
S'il vous plaît !
La leçon va commencer !

En silence on va étudier
Pendant toute la journée !

Lire, écrire et puis compter...
Écouter, mais sans parler !

Au tableau, mais sans bouger !
Réciter, mais pas chanter !

C'est l'école d'autrefois...
Qui le dit, c'est mon papa !

Autre chose, mes amis...
C'est l'école d'aujourd'hui !!!

3 Écoute et complète.

- médecin   • musicien   • secrétaire
- professeur   • ouvrier   • chanteur
- vétérinaire   • vendeur

Il faut choisir un métier

C'est dur de travailler
Quel que soit le métier
Médecin ou _____ ,
_____ ou _____
_____ ou _____
_____ ou bien _____
Je préfère en vérité,
le métier de l'écolier !

4 Écoute et chante.

La liste des commissions

J'ai fait la liste des commissions :
Du pâté et du jambon,
Des carottes et des citrons,
Du poulet et du poisson.

Et comme je vais au supermarché
Je pourrai aussi acheter
Un joli chapeau doré,
Des chaussures et des cahiers.

Et si après j'aurai encore du temps
Je voudrais, juste en passant,
Rendre visite à l'oncle Antoine
Car je n'aurai plus d'argent !

cent vingt et un

Lexique actif

Tu as appris de nouveaux mots ? Complète ton lexique pour t'aider à les mémoriser et les avoir toujours à porteé de main !

Abréviations

adj.	=	adjectif
adv.	=	adverbe
f.	=	nom féminin
inter.	=	interjection
loc.	=	locution
m.	=	nom masculin
pl.	=	pluriel
prep.	=	préposition
sing.	=	singulier
v.	=	verbe

Unité 1

banque / f. / bɑ̃k / _____
bureau / m. / byro / _____
café / m. / kafe / _____
chauffeur de taxi / m. / ʃofœr də taksi / _____
coiffeur / m. / kwafœr / _____
coiffeuse / f. / kwaføz / _____
comptable / m. / kɔ̃tabl / _____
dessinateur / m. / desinatœr / _____
dessinatrice / f. / desinatris / _____
gare / f. / gar / _____
hôpital / m. / ɔpital / _____
jouer aux cartes / v. / ʒwe o kart / _____
jouer de la guitare / v. / ʒwe də la gitar / _____
magasin / m. / magazɛ̃ / _____
médecin / m. / mɛdsɛ̃ / _____
musicien / m. / myzisjɛ̃ / _____
musicienne / f. / myzisjɛn / _____
ouvrier / m. / uvrije / _____
ouvrière / f. / uvrijɛr / _____
pilote / m. / pilot / _____
polar / m. / polar / _____
restaurant / m. / rɛstɔrɑ̃ / _____
revue / f. / rəvy / _____
secrétaire / f. / səkretɛr / _____
théâtre / m. / teatr / _____
timbre / m. pl. / tɛ̃br / _____

traducteur / m. / tradyktœr / _____
traductrice / f. / tradyktris / _____
usine / f. / yzin / _____
vendeur / m. / vɑ̃dœr / _____
vendeuse / f. / vɑ̃døz / _____
vétérinaire / m. f / veterinɛr / _____
voiture / f. / vwatyr / _____

Unité 2

baguette / f. / bagɛt / _____
barquette / f. / barkɛt / _____
béchamel / f. / beʃamɛl / _____
beurre / m. / bœr / _____
biscuit / m. / biskyi / _____
bocal / m. / bɔkal / _____
boîte / f. / bwat / _____
bombe / f. / bɔ̃b / _____
boucher / f. / buʃe / _____
boucherie / f. / buʃri / _____
boulanger / f. / bulɑ̃ʒe / _____
boulangerie / f. / bulɑ̃ʒri / _____
bouteille / f. / butɛj / _____
brique / f. / brik / _____
carte de crédit / f. / kart dəkredi / _____
céréales / m. pl. / sereal / _____
chantilly / f. / ʃɑ̃tiji / _____
charcuterie / f. / ʃarkytri / _____
charcutier / f. / ʃarkytje / _____
chocolat / m. / ʃɔkɔla / _____
citron / m. / sitrɔ̃ / _____
confiture / f. / kɔ̃fityr / _____
côte de porc / f. / kot dəpɔr / _____
crème fraîche / f. / krɛm frɛʃ / _____
eau gazeuse / f. / o gazøz / _____
ennuyer / v. / ɑ̃nɥije / _____
épicerie / f. / episri / _____
épicier / f. / episje / _____
espèces / f. pl. / ɛspɛs / _____
essayer / v. / eseje / _____
essuyer / v. / esɥije / _____
farine / f. / farin / _____
fromage / m. / frɔmaʒ / _____
fruits / m. pl. / frɥi / _____
huile d'olive / f. / ɥil dɔɔliv / _____
jambon / m. / ʒɑ̃bɔ̃ / _____
kilo / m. / kilo / _____

Lexique

lait / *m.* / lɛ / _____
légume / *m.* / legym / _____
lot / *m.* / lo / _____
marchand de fruits et légumes / *m.* / maʁʃɑ̃ dəfʁɥi e dəlegym / _____
morceau / *m.* / mɔʁso / _____
nettoyer / *v.* / netwaje / _____
œuf / *m.* / œf / _____
pack / *m.* / pak / _____
pain de mie / *m.* / pɛ̃ dəmi / _____
paquet / *m.* / pakɛ / _____
pâté / *m.* / pate / _____
pâtes / *f. pl.* / pat / _____
pâtisserie / *f.* / patisʁi / _____
payer / *v.* / peje / _____
pêche / *f.* / pɛʃ / _____
poissonnier / *m.* / pwasɔnje / _____
pomme de terre / *f.* / pɔmdətɛʁ / _____
riz / *m.* / ʁi / _____
sac / *m.* / sak / _____
salade de fruits / *f.* / salad dəfʁɥi / _____
saucisson / *m.* / sosisɔ̃ / _____
steak / *m.* / stɛk / _____
sucre / *m.* / sykʁ / _____
terroir / *m.* / tɛʁwaʁ / _____
tranche / *f.* / tʁɑ̃ʃ / _____
viande / *f.* / vjɑ̃d / _____
viande hachée / *f.* / vjɑ̃d aʃe / _____

Unité 3

apporter / *v.* / apɔʁte / _____
brouillard / *m.* / bʁujaʁ / _____
carnaval / *m.* / kaʁnaval / _____
carte de vœux / *f.* / kaʁtə dəvø / _____
ciel / *m.* / sjɛ / _____
couvert / *adj.* / kuvɛʁ / _____
éclaircie / *f.* / eklɛʁsi / _____
écrire / *v.* / ekʁiʁ / _____
emporter / *v.* / ɑ̃pɔʁte / _____
geler / *v.* / ʒəle / _____
grêler / *v.* / gʁele / _____
guirlande / *f.* / giʁlɑ̃d / _____
Jour de l'an / *m.* / ʒuʁ dəlɑ̃ / _____
neige / *f.* / nɛʒ / _____
neiger / *v.* / nɛʒe / _____
Noël / *m.* / nɔel / _____

nuage / *f.* / nɥaʒ / _____
nuageux / *adj.* / nɥaʒø / _____
orage / *m.* / ɔʁaʒ / _____
Pâques / *f.* / pak / _____
pleuvoir / *v.* / pløvwaʁ / _____
pluie / *f.* / plɥi / _____
présenter ses vœux / *v.* / pʁezɑ̃te se vø / fare gli auguri
râler / *v.* / ʁale / _____
Saint-Sylvestre / *f.* / sɛ̃ silvɛstʁ / _____
Saint-Valentin / *f.* / sɛ̃valɑ̃tɛ̃ / _____
soleil / *m.* / sɔlɛj / _____
souhaiter / *v.* / swete / _____
température / *f.* / tɑ̃peʁatyʁ / _____
température en baisse / *f.* / tɑ̃peʁatyʁ ɑ̃ bɛs / _____
température en hausse / *f.* / tɑ̃peʁatyʁ ɑ̃ os / _____
tonner / *v.* / tɔne / _____
vent / *m.* / vɑ̃ / _____
verglas / *m.* / vɛʁgla / _____

Unité 4

appartement / *m.* / apaʁtəmɑ̃ / _____
camping-car / *m.* / kɑ̃piŋkaʁ / _____
chalet / *m.* / ʃalɛ / _____
chambres d'hôtes / *f. pl.* / ʃɑ̃bʁə dot / _____
colonie de vacances / *f.* / kɔlɔni dəvakɑ̃s / _____
hôtel / *m.* / otɛl / _____
luge / *f.* / lyʒ / _____
piscine / *f.* / pisin / _____
pistes / *f. pl.* / pistə / _____
planche à voile / *f.* / plɑ̃ʃ a vwal / _____
réveillon / *m.* / ʁevɛjɔ̃ / _____
snowboard / *m.* / snoboaʁ / _____
station de ski / *f.* / stasjɔ̃ / _____
tente / *f.* / tɑ̃t / _____
Toussaint / *f.* / tusɛ̃ / _____
vacances / *f. pl.* / vakɑ̃s / _____
village de vacances / *m.* / vilaʒ dəvakɑ̃s / _____

Lexique

Unité 5

adresse électronique / f. / adʀɛs elɛktʀɔnik / _____

allumer / v. / alyme / _____
arobase / m. / aʀɔbaz / _____
cédérom / m. / sedeʀɔm / _____
clavier / m. / klavje / _____
clé USB / f. / kle ysb / _____
cliquer / v. / klike / _____
connecter / v. / kɔnɛkte / _____
courrier électronique / m. / kuʀje elɛktʀɔnik / _____
défense / f. / defɑ̃s / _____
disque dur / m. / disk dyʀ / _____
données / f. pl. / dɔne / _____
DVD / m. / devede / _____
écran / m. / ekʀɑ̃ / _____
éditer / v. / edite / _____
émoticône / m. / emotikɔn / _____
enceinte / f. / ɑ̃sɛ̃t / _____
fichier / m. / fiʃje / _____
graveur / m. / gʀavœʀ / _____
imprimante / f. / ɛ̃pʀimɑ̃t / _____
micro / m. / mikʀo / _____
ordinateur / m. / ɔʀdinatœʀ / _____
sauvegarder / v. / sovgaʀde / _____
souris / f. / suʀi / _____
taper / v. / tape / _____
télécharger / v. / teleʃaʀʒe / _____
touche / f. / tuʃ / _____
transmettre / v. / tʀɑ̃smɛtʀə / _____
valider / v. / valide / _____
webcam / f. / vebkam / _____

Unité 6

affiche / f. / afiʃ / _____
amour / m. / amuʀ / _____
billet / m. / bijɛ̃ / _____
caisse / f. / kɛs / _____
dessin animé / m. / desɛ̃ anime / _____
dramatique / adj. / dʀamatik / _____
grand écran / m. / gʀɑ̃dekʀɑ̃ / _____
hebdomadaire / m. / ɛbdɔmadɛʀ / _____
historique / adj. / istɔʀik / _____
horreur / f. / ɔʀœʀ / _____
informations / f. pl. / ɛ̃fɔʀmasjɔ̃ / _____
jeu / m. / ʒø / _____

magazine / m. / magazin / _____
magazine d'actualité / m. / magazin d aktɥalite / _____
music-hall / m. / myzikol / _____
policier / adj. / pɔlisje / _____
quotidien / m. / kɔtidjɛ̃ / _____
reportage / m. / ʀəpɔʀtaʒ / _____
salle / f. / sal / _____
science-fiction / f. / sjɑ̃sfiksjɔ̃ / _____
série / f. / seʀi / _____
spectateur / m. / spɛktatœʀ / _____
variété / f. / vaʀjete / _____

Unité 7

angine / f. / ɑ̃ʒin / _____
avoir la bronchite / v. / avwaʀ la bʀɔ̃ʃit / _____
avoir la fièvre / v. / avwaʀ la fjevʀə / _____
avoir la grippe / v. / avwaʀ la gʀip / _____
avoir mal à la gorge / v. / avwaʀ mal a la gɔʀʒə / _____
avoir mal au genou / v. / avwaʀ mal o ʒənu / _____
avoir mal au ventre / v. / avwaʀ mal o vɑ̃tʀə / _____
avoir mal à la tête / v. / avwaʀ mal a la tɛt / _____
avoir mal au cœur / v. / avwaʀ mal o kœʀ / _____
avoir une bonne mine / v. / avwaʀ yn bɔn min / _____
avoir une mauvaise mine / v. / avwaʀ yn mɔvɛz min / _____
bouche / f. / buʃ / _____
bras / m. / bʀa / _____
calme / m. / kalmə / _____
carré / adj. / kaʀe / _____
comprimé / m. / kɔ̃pʀime / _____
décollées / adj. pl. / dekɔle / _____
dent / f. / dɑ̃ / _____
doigt / m. / dwa / _____
drôle / adj. / dʀol / _____
énervé / adj. / enɛʀve / _____
fièvre / f. / fjevʀə / _____
fin / f. / fɛ̃ / _____
frisson / m. / fʀisɔ̃ / _____
front / m. / fʀɔ̃ / _____
grippe / f. / gʀip / _____

Lexique

large / *adj.* / laʁʒə / _____
lèvres / *f. pl.* / lɛvʁə / _____
méfiante / *adj.* / mefjɑ̃t / _____
mélancolique / *adj.* / melɑ̃kɔli / _____
menton / *m.* / mɑ̃tɔ̃ / _____
mince / *adj.* / mɛ̃s / _____
nez / *m.* / ne / _____
optimiste / *adj.* / ɔptimistə / _____
ordonnance / *f.* / ɔʁdɔnɑ̃s / _____
oreille / *f.* / ɔʁɛj / _____
otite / *f.* / ɔtit / _____
pied / *m.* / pje / _____
piqûre / *f.* / pikyʁ / _____
poitrine / *f.* / pwatʁin / _____
rhume / *m.* / ʁym / _____
rond / *adj.* / ʁɔ̃ / _____
taille / *f.* / taj / _____
tête / *f.* / tɛt / _____
traitement / *m.* / tʁɛtmɑ̃ / _____
visage / *m.* / vizaʒ / _____
yeux / *m.* / jœ / _____

Unité 8

accessoire / *m.* / akseswaʁ / _____
bague / *f.* / bag / _____
bottines / *f.* / bɔtin / _____
boucle d'oreilles / *f.* / bukl d ɔʁɛj / _____
bracelet / *m.* / bʁaslɛ / _____
ceinture / *f.* / sɛ̃tyʁ / _____
collant / *m.* / kɔlɑ̃ / _____
collier / *m.* / kɔlje / _____
combinaison de ski / *f.* / kɔ̃binɛzɔ̃ d ski / _____
coton / *m.* / kɔtɔ̃ / _____
cuir / *m.* / kɥiʁ / _____
escarpin / *m.* / ɛskaʁpɛ̃ / _____
fringues / *f.* / fʁɛ̃g / _____
lunettes de soleil / *f.* / lynɛt / _____
mocassin / *m.* / mɔkasɛ̃ / _____
montre / *f.* / mɔ̃tʁ / _____
moufles / *f.* / mufl / _____
pantacourts / *m.* / pɑ̃takuʁ / _____
pantalon / *m.* / pɑ̃talɔ̃ / _____
pointure / *f.* / pwɛ̃tyʁ / _____
polo / *m.* / pɔlo / _____
porte-monnaie / *m.* / pɔʁtmɔnɛ / _____
promotion / *f.* / pʁɔmɔsjɔ̃ / _____

pyjama / *m.* / pyjama / _____
robe tunique / *f.* / ʁɔb tynik / _____
sac à main / *m.* / sak a mɛ̃ / _____
survêtement / *m.* / syʁvɛtmɑ̃ / _____
taille / *f.* / taj / _____
veste / *f.* / vɛst / _____

Unité 9

aigle / *m.* / ɛglə / _____
arbre / *m.* / aʁbʁə / _____
camp d'été / *m.* / kɑ̃ d ete / _____
campagne / *f.* / kɑ̃paɲ / _____
cerf / *m.* / sɛʁ / _____
chat / *m.* / ʃa / _____
cheval / *m.* / ʃəval / _____
colline / *f.* / kɔlin / _____
crabe / *m.* / kʁab / _____
dauphin / *m.* / dofɛ̃ / _____
escalade / *f.* / ɛskalade / _____
fête du village / *f.* / fɛt dy vilaʒ / _____
fleur / *f.* / flœʁ / _____
forêt / *f.* / fɔʁɛ / _____
jogging / *m.* / dʒɔgiŋ / _____
lapin / *m.* / lapɛ̃ / _____
marée / *f.* / maʁe / _____
mer / *f.* / mɛʁ / _____
montagne / *f.* / mɔ̃taɲ / _____
neige / *f.* / nɛʒ / _____
oie / *f.* / wa / _____
oiseau / *m.* / wazo / _____
pêche / *f.* / pɛʃ / _____
pédalo / *m.* / pedalo / _____
plage / *f.* / plaʒ / _____
poisson / *m.* / pwasɔ̃ / _____
poule / *f.* / pul / _____
pré / *m.* / pʁe / _____
randonnée / *f.* / ʁɑ̃dɔne / _____
recevoir / *v.* / ʁəsvwaʁ / _____
refuge / *m.* / ʁəfyʒ / _____
rocher / *m.* / ʁɔʃe / _____
s'amuser / *v.* / samyze / _____
ski d'été / *m.* / ski d ete / _____
vache / *f.* / vaʃ / _____
voilier / *m.* / vwalje / _____

La France physique

La France administrative

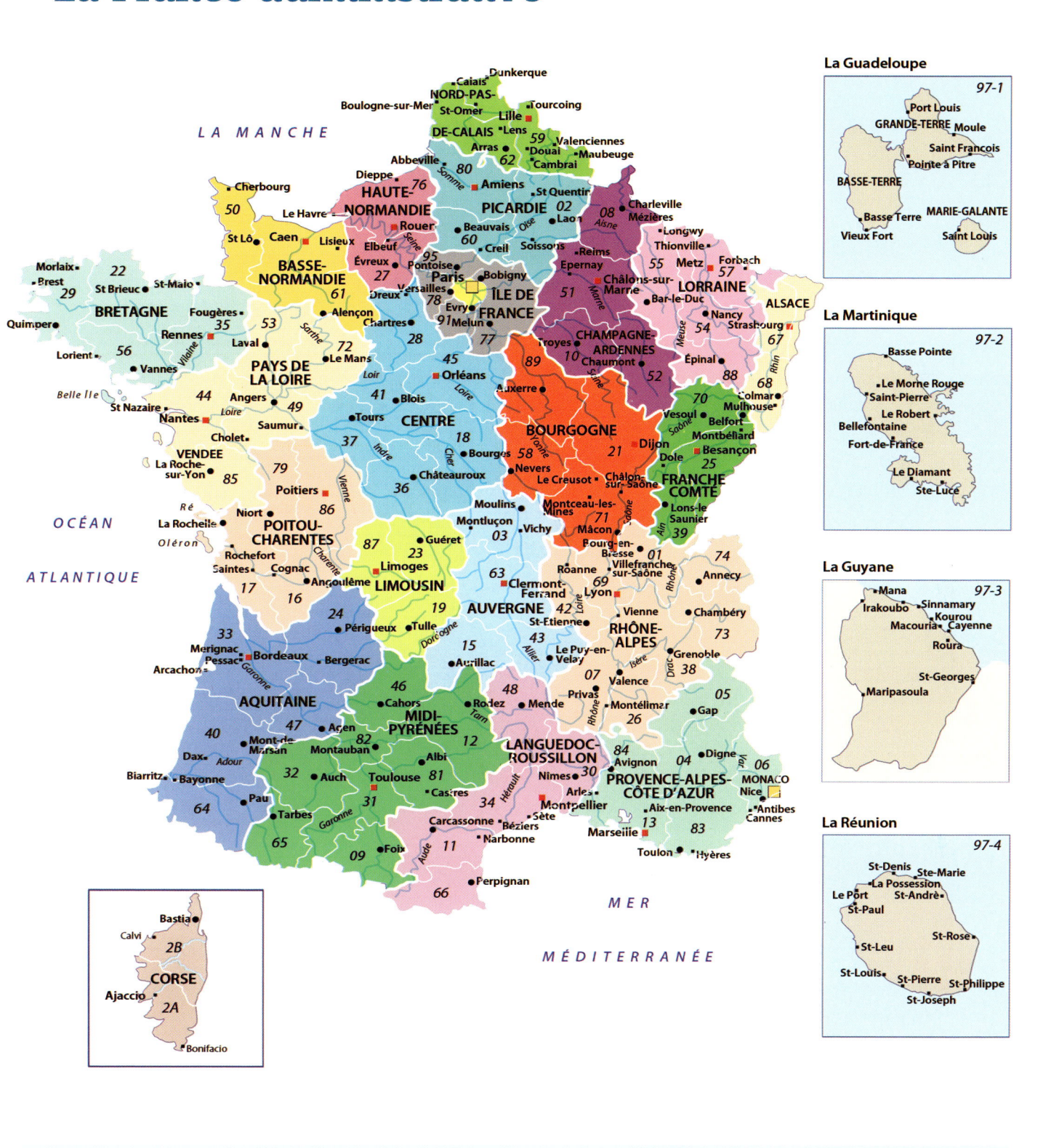

01 AIN	2A CORSE-DU-SUD	39 JURA	59 NORD	79 SÈVRES (Deux)
02 AISNE	2B HAUTE-CORSE	40 LANDES	60 OISE	80 SOMME
03 ALLIER	21 CÔTE-D'OR	41 LOIR-ET-CHER	61 ORNE	81 TARN
04 ALPES-DE-HAUTE-PROVENCE	22 CÔTES-D'ARMOR	42 LOIRE	62 PAS-DE-CALAIS	82 TARN-ET-GARONNE
05 ALPES (Hautes)	23 CREUSE	43 LOIRE (Haute)	63 PUY-DE-DÔME	83 VAR
06 ALPES-MARITIMES	24 DORDOGNE	44 LOIRE-ATLANTIQUE	64 PYRÉNÉES-ATLANTIQUES	84 VAUCLUSE
07 ARDÈCHE	25 DOUBS	45 LOIRET	65 PYRÉNÉES (Hautes)	85 VENDÉE
08 ARDENNES	26 DRÔME	46 LOT	66 PYRÉNÉES-ORIENTALES	86 VIENNE
09 ARIÈGE	27 EURE	47 LOT-ET-GARONNE	67 RHIN (Bas)	87 VIENNE (Haute)
10 AUBE	28 EURE-ET-LOIR	48 LOZÈRE	68 RHIN (Haut)	88 VOSGES
11 AUDE	29 FINISTÈRE	49 MAINE-ET-LOIRE	69 RHÔNE	89 YONNE
12 AVEYRON	30 GARD	50 MANCHE	70 SAÔNE (Haute)	90 BELFORT (Territoire de)
13 BOUCHES-DU-RHÔNE	31 GARONNE (Haute)	51 MARNE	71 SAÔNE-ET-LOIRE	91 ESSONNE
14 CALVADOS	32 GERS	52 MARNE (Haute)	72 SARTHE	92 HAUTS-DE-SEINE
15 CANTAL	33 GIRONDE	53 MAYENNE	73 SAVOIE	93 SEINE-ST-DENIS
16 CHARENTE	34 HÉRAULT	54 MEURTHE-ET-MOSELLE	74 SAVOIE (Haute)	94 VAL-DE-MARNE
17 CHARENTE-MARITIME	35 ILLE-ET-VILAINE	55 MEUSE	75 PARIS	95 VAL D'OISE
18 CHER	36 INDRE	56 MORBIHAN	76 SEINE-MARITIME	
19 CORRÈZE	37 INDRE-ET-LOIRE	57 MOSELLE	77 SEINE-ET-MARNE	
	38 ISÈRE	58 NIÈVRE	78 YVELINES	

cent vingt-sept 127

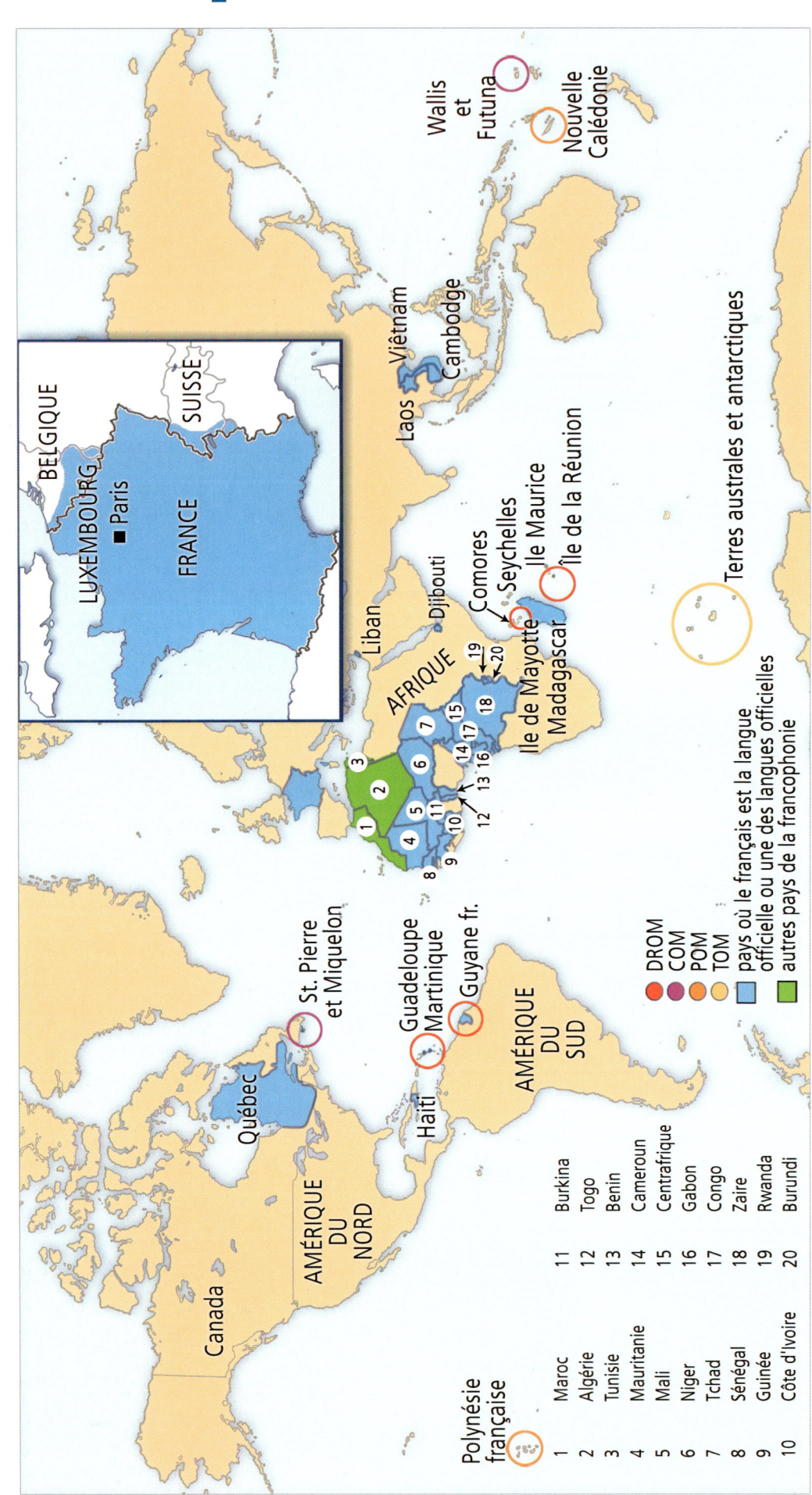

La francophonie

Légende:
- DROM
- COM
- POM
- TOM
- pays où le français est la langue officielle ou une des langues officielles
- autres pays de la francophonie

Polynésie française

1. Maroc
2. Algérie
3. Tunisie
4. Mauritanie
5. Mali
6. Niger
7. Tchad
8. Sénégal
9. Guinée
10. Côte d'Ivoire
11. Burkina
12. Togo
13. Benin
14. Cameroun
15. Centrafrique
16. Gabon
17. Congo
18. Zaïre
19. Rwanda
20. Burundi

AMÉRIQUE DU NORD: Canada, Québec, St. Pierre et Miquelon, Guadeloupe, Martinique, Haïti, Guyane fr.

AMÉRIQUE DU SUD

AFRIQUE: Liban, Djibouti, Comores, Seychelles, Île Maurice, Île de la Réunion, Île de Mayotte, Madagascar, Terres australes et antarctiques

Vietnam, Laos, Cambodge, Wallis et Futuna, Nouvelle Calédonie

BELGIQUE, LUXEMBOURG, SUISSE, FRANCE, Paris

128 cent vingt-huit